区块链技术与产业融合发展应用

晏海水　齐建蒙　武艳芬　著

汕頭大學出版社

图书在版编目（CIP）数据

区块链技术与产业融合发展应用 / 晏海水，齐建蒙，
武艳芬著. -- 汕头 ： 汕头大学出版社，2022.3
ISBN 978-7-5658-4628-1

Ⅰ. ①区… Ⅱ. ①晏… ②齐… ③武… Ⅲ. ①区块链
技术—研究 Ⅳ. ①F713.361.3

中国版本图书馆CIP数据核字(2022)第031303号

区块链技术与产业融合发展应用
QUKUAILIAN JISHU YU CHANYE RONGHE FAZHAN YINGYONG

作　　者：晏海水　齐建蒙　武艳芬
责任编辑：邹　峰
责任技编：黄东生
封面设计：乐　乐
出版发行：汕头大学出版社
　　　　　广东省汕头市大学路243号汕头大学校园内　邮政编码：515063
电　　话：0754-82904613
印　　刷：廊坊市海涛印刷有限公司
开　　本：710mm×1000 mm　1/16
印　　张：9
字　　数：100 千字
版　　次：2022 年 3 月第 1 版
印　　次：2022 年 3 月第 1 次印刷
定　　价：52.00 元
ISBN 978-7-5658-4628-1

前言

国家政策推动了信息技术与产业的融合，创新了企业的生产方式和组织形式，引发了深远的产业变革。以区块链为代表的信息技术与产业融合的过程中，加速推动了现代服务业与制造业的融合，并逐步形成了第一产业、第二产业和第三产业的有机互动，带来了产业边界、竞争态势的改变。区块链技术是企业数字生态系统的重要技术之一，也是企业实施数字化转型的基础性技术。区块链技术被高度关注，与其自身的技术特点密切相关。它是随着“加密数字货币”出现而逐渐兴起的一种全新的分布式计算范式，为交易双方提供不需要交换中介的价值存储和交换平台，为企业的IT能力提供了新的技术支持。

基于此，本书以“区块链技术与产业融合发展应用”为题，全书共设置五章，第一章阐述区块链及其产业发展、区块链监管与政策措施、区块链产业发展与服务；第二章解析区块链技术生态体系的构建、区块链中公有链设计与运营、区块链中行业链设计与运营、数字经济视域下区块链技术与实体产业的发展；第三章分析区块链＋农业的融合信任成本、农业区块链应用的目标与需求、农业区块链的具体应用、区块链技术下农产品可信溯源系统的构建；第四章探究区块链技术在教育中的应用启示与模式、区块链技术推动教育创新发展的路径、区块链技术下数字化教育资源管理系统分析；第五章分析区块链＋供应链溯源应用案例、区块链技术应用的反思与展望。

全书秉承较为新颖的理念，内容丰富详尽，结构逻辑清晰，客观实用，从区块链的基本理论，基础架构与原理对读者进行引入，系统性地对区块链技术与人力、农业、教育、健康及物联网的融合发展进行解读。另外，本书注重理论与实践的紧密结合，对我国区块链技术发展具有一定的参考价值。

本书的撰写得到了许多专家学者的帮助和指导，在此表示诚挚的谢意。由于笔者水平有限，加之时间仓促，书中所涉及的内容难免有疏漏与不够严谨之处，希望各位读者多提宝贵意见，以待进一步修改，使之更加完善。

目录

第一章　区块链及其产业发展

区块链是分布式数据存储、点对点传输、共识机制、加密算法等计算机技术的新型应用模式，被认为是继大型机、个人电脑、互联网之后计算模式的颠覆式创新，并正在全球范围引起一场新的技术革新和产业变革。本章内容主要包括区块链的基础认知、区块链的工作原理、区块链的技术平台、区块链监管政策发展、区块链产业发展现状。

第一节　区块链的基础认知

尽管区块链的发展历史较为短暂，却像狂风一般席卷全球，备受科技界尤其是金融界的关注。最初，人们只知比特币，不识区块链。后来，人们发现区块链不仅仅可以作为支持数字货币——比特币交易的底层技术，还能脱离比特币，应用于金融、贸易、征信、物联网、共享经济等诸多领域。区块链凭借其安全性，可以帮助公司或者政府部门建立更加值得信赖的网络，可以让用户更加放心地分享信息和价值。目前，区块链的应用已延伸到物联网、智能制造、供应链管理、数字资产交易等多个领域。可以预见，未来区块链可以得到更广泛的应用。

一、区块链的起源

最早关于区块链的描述出现在2008年，由化名为中本聪（Satoshi Nakamoto）的神秘人物在一家隐秘的密码论坛上提交的论文《比特币：一种点对点的电子现金系统》中。该文重点讨论了比特币系统，详细描述了如何用对等（Peer to Peer lending，P2P）网络去创建一个不需要依赖信任的电子交易系统，指出区块链是一种数据结构，也是该电子现金系统（比特币）的核心技术，被用于记录比特币交易的账目历史。在比特币系统成功运行多年后，部分金融机构开始意识到作为比特币运行的底层支撑技术——区块链实际上是一种极其巧妙的分布式共享账本技术，对金融乃至各行各业带来的潜在影响甚至可能不亚于复式记账法的发明。

2014年前后，业界开始认识到区块链技术的重要价值，并通过智能合约技术将其用于数字货币外的分布式应用领域。2015年，《经济学人》（*The Economist*）杂志发表 *The promise of the blockchain: the trust machine*，在封面介绍区块链为“创造信任的机器”，提出区块链技术将在各个层面上深远地影响人类社会，可以在没有中央权威机构的情况下，为交易双方建立信任关系。通过利用点对点网络和分布式时间戳服务器，区块链数据库能够进行自主管理。为比特币而发明的区块链使它成为第一个解决重复消费问题的数字货币。比特币的设计已经成为其他应用程序的灵感来源。

事实上，在比特币之前已经有了许多电子现金（E-cash）的技术和产品，如亚当贝特的哈希现金（Hashcash），尼克·萨博的比特金（Bitgold），但都因为管控权过于集中和管控中心的信任问题而无法得以大面积普及。此外，比特币系统所采用的P2P、分布式存储、非对称性加密等技术早已存在，比特币系统提出的不过是一个基于这些技术的集成性的、系统性的、可供实践的解决方案。区块链格式作为一种使数据库安全而不需要行政机构的授信的解决方案首先被应用于比特币，但在中本聪的原始论文中并没有明确提出区块链的定义和概念。作为记录比特币交易账目信息的数据结构形式，“区块”（block）和“链”（chain）这两个词是被分开使用的，在被广泛使用时合称为“区块－链”，到2016年才被变成一个词“区块链”。对区块链技术影响深远的观点有：①点对点、去中心化的可靠交易；②反欺诈；③基于密码学原理的电子交易凭证管理；④分布式的时间戳服务器；⑤足够的安全能力支持系统。

2009年中本聪公开了最初的实现代码，比特币网络上线，推出了第一个开源的比特币客户端软件。中本聪使用该软件对第一个比特币区块进行挖矿，并获得了第一批50个比特币。

在2010年8月6日，比特币协议被发现了重大漏洞，交易在记录到区块链之前并没有经过完整认证，让使用者可以绕过比特币的限制设定，制造出无上限的比特币。2010 年 8 月 15 日，这个漏洞被人恶意利用。一笔转账交易过程中产生了 1.84 亿比特币，并分别转送到比特币网络上的两个地址。在不到一小时内，这笔异常交易就被发现，并在漏洞修复后从交易记录上删除，整个网络也更新为新版的比特币协议。至今为止，这是比特币历史上唯一发现并被利用的重大安全漏洞。这也足以证明比特币设计的精妙，也正是因为设计的精妙，让比特币在诞生后的十几年内发展迅速，从小众成功走向主流。

在日本和韩国，比特币交易特别火爆。比特币价格在震荡中不断刷新纪录。2009 年 10 月最早有记录的比特币价格仅为 0.00076 美元。在不到 9 年的时间里，比特币作为全球最热门的加密货币，其价格创历史新高。2018 年 7 月，一个比特币可以兑换 6180.88 美元，收益远远超过黄金、地产，甚至有人预测其价格还将大幅攀升。此外，在 2017 年 5 月，勒索病毒 WanniaCry 席卷全球，全球 150 个国家及地区的数十万台计算机遭到攻击。这个事件并没有给比特币市场造成直接损失，反而又将比特币推向大众视野。

值得一提的是，比特币总量设计为 2100 万个，目前已经有大约 1700 万个比特币被挖出，占总量的 81% 左右。此设计的本意是为了避免像央行超发货币一样引起通货膨胀，通过控制供给，从而保持比特币的价值。这其实是比特币的一种可预测的、透明的货币政策之一。

二、区块链的定义

区块链技术最早应用于比特币项目中，作为比特币背后的分布式记账平台，在无集中式管理的情况下，比特币网络稳定运行了 8 年时间，支持了海量的交易记录，并且从未出现严重的漏洞，这些都与巧妙的区块链结构分不开。目前，区块链技术自身仍然在飞速发展，相关规范和标准还在进一步成熟、完善中。广义来讲，区块链技术是利用块链式数据结构来验证与存储数据、利用分布式节点共识算法来生成和更新数据、利用密码学的方式保证数据传输和访问的安全、利用由自动化脚本代码组成的智能合约来编程和操作数据的一种全新的分布式基础架构与计算方式。狭义来讲，区块链是一种按照时间顺序将数据区块以顺序相连的方式组合成的一种链式数据结构，并以密码学方式保证的不可篡改和不可伪造的分布式账本。

不同组织或机构给出的区块链定义如下：

（1）维基百科给出的定义为："简而言之，区块链是一个分布式的账本，区块链网络系统无中心地维护着一条不停增长的有序的数据区块，每一个数据区块内都有一个时间戳和一个指针，指向上一个区块，一旦数据上链之后便不能更改。"该定义中，将区块链类比为一种分布式数据库技术，通过维护数据块的链式结构，可以维持持续增长的、不可篡改的数据记录。

（2）中国区块链技术与产业发展论坛给的定义为："区块链是分布式数据存储、点对点传输、共识机制、加密算法等计算机技术的新型应用模式。"

（3）数据中心联盟给出的定义为："区块链是一种由多方共同维护，使用密码学保证传输和访问安全，能够实现数据一致存储、无法篡改、无法抵赖的技术体系。典型的区块链是以块链结构实现数据存储的。"

一般地，我们可以理解为，区块链实质上是由多方参与共同维护的一个持续增长的分布式数据库，是一种分布式共享账本（Distributed Shared Ledger）。区块链通过智能合约维护着一条不停增长的有序的数据链，让参与的系统中任意多个节点，通过密码学算法把一段时间系统内的全部信息交流数据计算和记录到一个数据块（Block）中，并且生成该数据块的指纹用于链接（Chain）下一个数据块和校验，系统中所有的参与节点共同认定记录是否为真，从而保证区块内的信息无法伪造和更改。其核心也就在于通过分布式网络、时序不可篡改的密码学账本及分布式共识机制建立交易双方之间的信任关系，利用由自动化脚本组成的智能合约来编程和操作数据，最终实现由信息互联向价值互联的进化。

三、区块链的类型

为了适应不同的应用场景和需求，区块链根据准入机制可以分为：公有链（Public Blockchain）、联盟链（Consortium Blockchain）和私有链（Private Blockchain）3 种基本类型。在实际应用中单一的某种区块链常常无法满足用户需求，就出现了多种类型的结合，比如私有链 + 联盟链、联盟链 + 公有链等不同组合形式。从链与链的关系来区分，可以分为主链（Main Chain）和侧链（Side Chain）。此外，不同区块链还可以形成网络，网络中链与链的互联互通，产生互联链（Inter Chain）的概念[①]。

（一）公有链

公有链是指像比特币系统这样的，完全的分布式（去中心化）、不受任何机构控制的区块链。全世界任何人都可以在任何时候加入、任意读取数据，任何人都能发送交易且交易能获得有效确认，任何人都能参与其中共识过程的区块链——共识过程决定哪个区块可被添加到区块链中和明确当前状态。公有区块链是最早的区块链，也是应用最广泛的区块链，各大虚拟数字货币均基于公有区块链，世界上有且仅有一条该币种对应的区块链。作为中心化或者准中心化信任的替代物，公有链的安全由共识机制来维护——共识机制可以采取 PoW 或 PoS 等方式，将经济奖励和加密算法验证结合起来，并遵循着一般原则：每个人从中可获得的经济奖励与对共识过程做出的贡献成正比。这些区块链通常被认为是完全去中心化的。公有链通常也称为非许可链（Permissionless Blockchain），如比特币和以太坊等都是公有链。公有链一般适合于虚拟货币、面向大宗的电子商务、互联网金融等 B2C、C2C 或 C2B 等应用场景。

在公有链中，程序开发者无权干涉用户，所以区块链可以保护使用他们的开发程序的用户。公有链的特点就是完全公开，公有链中每个参与者都有权力访问分布式账本的每一条记录；不受任何组织机构监控监管，程序开发组织和人员无权干涉用户；区块链可以保护其用户，公有链依靠加密技术来保证其安全。

（二）私有链

与公有链的完全去中心化不同的是，私有链存在着一个中心化控制区块链。私有链的写入权限由某个组织和机构控制，读取权限或者对外开放，或者被进行了任意程度的限制。相关的应用可以包括数据库管理、审计甚至是一个公司，尽管在有些情况下希望它能有公共的可审计性，但在很多情形下，公共的可读性似乎并非必需的。保守的巨头（传统金融）都是想实验尝

① 缪兴锋．区块链技术应用实务 [M]. 北京：中国人民大学出版社，2020：59-66.

试私有区块链，而公有链的应用例如比特币已经工业化，私有链的应用产品还在摸索当中。

大多数人一开始很难理解私有链存在的必要性，认为其和中心化数据库没有太大的区别，甚至还不如中心化数据库的效率高。事实上，中心化和去中心化永远是相对的，私有链可以看作一个小范围系统内部的公有链，如果从系统外部来观察，可能觉得这个系统还是中心化的，但是以系统内部每一个节点的眼光来看，其实当中每个节点的权利都是去中心化。而对于公有链，从某种程度来看也可以看作地球上的私有链，只有地球人的电脑系统才可以接入。因此，私有链完全是有其存在价值的。私有链的巨大优势就是由于对于 P2P 这样的网络系统而言，系统内部的处理速度往往取决于最弱的节点，而私有链所有的节点和网络环境都是完全可以控制的，因此能够确保私有链在处理速度方面远远优于公有链。

私有链和公有链另外一个巨大的区别就是，一般公有链肯定在内部会有某种代币，而私有链却是可以选择没有代币的设计方案。对于公有链而言，如果要让每个节点参与竞争记账，必定需要设计一种奖励制度，鼓励那些遵守规则参与记账的节点，而这种奖励往往就是依靠代币系统来实现的。但是对于私有链而言，基本上都是属于某个机构内部的节点，这些节点参与进行记账可能就是该组织或者机构上级的要求，对于他们本身就是工作的一部分，因此并不是一定需要通过代币奖励机制来激励每个节点进行记账。所以，我们也可以发现，代币系统并不是每个区块链必然需要的。考虑到处理速度及账本访问的私密性和安全性，私有链可能更适合商业应用，越来越多的企业在选择区块链方案时，也会更多地倾向于选择私有链技术。

(三) 联盟链

联盟链是指其共识过程受到预选节点控制的区块链，由某个群体内部指定多个预选的节点为记账人，每个块的生成由所有的预选节点共同决定(预选节点参与共识过程)，其他接入节点可以参与交易，但不过问记账过程（本质上还是托管记账，只是变成分布式记账，预选节点的多少、如何决定每个块的记账者成为该区块链的主要风险点)，其他任何人可以通过该区块链开放的 API 进行限定查询。这些区块链可视为部分去中心化，比如

R3CEV 就是一个典型的联盟链系统。

联盟链仅限于联盟成员参与，区块链上的读写权限、参与记账权限按联盟规则来制定。由多家银行参与的区块链联盟 R3 和 Linux 基金会支持的超级账本（Hyperledger）项目都属于联盟链架构。联盟链是一种需要注册许可的区块链，其共识过程由预先选好的节点控制。一般来说，它适合于机构间的交易、结算或清算等 B2B 场景。例如，在银行间进行支付、结算、清算的系统就可以采用联盟链的形式，将各家银行的网关节点作为记账节点，当网络上有超过 2/3 的节点确认一个区块，该区块记录的交易将得到全网确认。联盟链可以根据应用场景来决定对公众的开放程度。由于参与共识的节点比较少，联盟链一般不采用工作量证明的挖矿机制，而是多采用权益证明或 PBFT（Practical Byzantine Fault Tolerant，实用拜占庭容错算法）、RAFT 等共识算法。联盟链对交易的确认时间、每秒交易数都与公共链有较大的区别，对安全和性能的要求也比公共链高。

联盟链网络由成员机构共同维护，网络接入一般通过成员机构的网关节点接入。联盟链平台应提供成员管理、认证、授权、监控、审计等安全管理功能。比如 2015 年成立的 R3 联盟，旨在建立银行同业的一个联盟链，目前已经吸引了 40 多个成员，包括世界著名的银行（如摩根大通、高盛、瑞信、巴克莱、汇丰等）和 IT 巨头（如 IBM、微软）。

联盟链的特点是其可以做到很好的节点间的连接，只需要极少的成本就能维持运行，提供迅速的交易处理和低廉的交易费用，有很好的扩展性（但是扩展性随着节点增加又会下降），数据可以有一定的隐私。当然缺点也很明显，联盟链也意味着这个区块链的应用范围不会太广，缺少比特币的网络传播效应，而且联盟链容易造成权力集中。由于节点少，并且需要预选节点进行记账，不能完全解决信任问题，一旦运用不当则容易造成权力集中，甚至引发安全问题。

上述私有链和联盟链这类每个节点都需要许可才能加入的区块链系统也称为许可链（Permissioned Blockchain）。

（四）混合链与复杂链

随着区块链技术变得越来越复杂，区块链的技术架构开始不仅仅简单地分为公有链、私有链等架构，而是这之间的界限逐渐开始模糊。在区块链的系统中，不再是所有节点都有着简单的一模一样的权限，而是开始有不同的分工。有些节点可能只能查看部分区块链数据，有些节点能够下载完整的区块链数据，有些节点负责参与记账。而随着系统日益复杂，其中不同的角色以及不同的权限等级会变得更多。其实我们在授权股份证明（Delegated Proof of Stake，DPoS）这样的共识机制中，已经能够看到这种趋势开始出现，并不是每个节点都参与记账，而是获得投票数量最多的受托人（Delegated）才开始进行记账，这样的受托人就是典型的角色划分。如果今后央行采用区块链技术发行人民币，肯定会选择类似于混合链这样的技术。

（五）侧链

侧链协议本质上是一种跨区块链解决方案。通过这种解决方案，可以实现数字资产从第一个区块链到第二个区块链的转移，又可以在稍后的时间点从第二个区块链安全返回到第一个区块链。其中第一个区块链通常被称为主区块链或者主链，其他区块链则被称为侧链。最初，主链通常指的是比特币区块链，而现在主链可以是任何区块链。侧链协议被设想为一种允许数字资产在主链与侧链之间进行转移的方式，这种技术为开发区块链技术的新型应用和实验打开了一扇大门。严格来说，侧链不是区块链的一种类型，它只是在现实应用中，开发者对区块链的一种延伸（扩展）而特别取了个绰号。

比特币是大家公认的公有链，目前市场上公开的虚拟货币系统，绝大多数都是基于比特币系统进行规则修改或扩展而来。但比特币的设计规则决定了比特币有一定的局限，且已十分固定，难以做出较大修改和扩展。例如平均每 10 分钟出一个区块，每个区块受 1 MB 大小限制，这使得大概每秒才能确认 7 笔交易，这种交易速度在很多场景下不能满足业务需求。因此，通过侧链来提升效率、扩展比特币功能是一个非常有效的做法。这类以比特币平台为基础，使用新的规则、发布新的虚拟货币，能和比特币区块链进行交互，并能与比特币挂钩的区块链就是侧链。简单来说，就是在某个主链外面开发一个私有的小链，这个私链与主链之间有交互。主链和私链之间可以做币的转换。侧链目前主要适用于代币发行，比如闪电网络把很多交易放在侧链，只有在做清算时才用上主链，这样一来可以极大地提升交易速率，又不会增加主链的存储负担。

(六) 互联链

互联链是各种不同的区块链之间的互联互通所形成的一个更大的生态区块链，作为一个全新的概念目前还没有被普遍接受，因此相关的架构设计和标准化工作也没有开始。针对特定领域的应用可能会形成各种垂直领域的区块链，这些区块链会有互联互通的需求，这样这些区块链也会通过某种互联互通协议连接起来。与互联网一样，这种区块链上的互联互通就构成互联链，形成区块链全球网络。比如，现在的支付系统很多是竖井型，互不连接。如果在同一个国家、同一家银行或者支付网络支付还相对容易，但是如果用户尝试在不同支付网络间支付，就没有那么容易了。比如，从支付宝余额转钱到微信钱包余额里，虽然两者可以通过银行连接，但是这些连接都需要人工干预，交易确认缓慢。就像互联网的出现是为了解决不同电脑之间信息联通一样，互联链的出现就是提供实现不同区块链互联互通的统一架构和标准协议。

可以预见，随着区块链技术的充分发展和在各领域的广泛应用，未来将会形成一个巨大的互联链，如电商平台公有链 + 物流公有链 + 物流联盟链 + 银行联盟链等，它们之间的相互协作、通信、共识就是一个典型的互联链。

四、区块链的特点

区块链作为一个可以引领信任的机器，能够通过运用哈希算法、数字签名、时间戳、分布式共识和经济激励等手段，在节点无须互相信任的分布式系统中建立信用，实现点对点的交易和协作，从而为中心化机构普遍存在的高成本、低效率和数据存储不安全等问题提供了解决方案。

近年来，伴随着国内外研究机构对区块链技术的研究与应用，区块链的应用前景受到各行各业的高度重视，被认为是继大型机、个人电脑、互联网、移动社交网络之后计算范式的第五次颠覆式创新，是人类信用进化史上继血亲信用、贵金属信用、央行纸币信用之后的第四个里程碑。它被视为下一代云计算的锥形，有望彻底重塑人类社会获得形态，并实现从现在的信息互联网到价值互联网的转变。

区块链技术具有分布式、去中心化、可靠数据库、开源可编程、集体维护、安全可信、交易准匿名等诸多特点，可由以下方式加以定义：①一个分布式的链接账本，每个账本就是一个区块；②基于分布式的共识算法来决定记账者；③账本内的交易由密码学签名和哈希算法保证不可篡改；④账本按产生时间的顺序链接，当前账本含有上一个账本的哈希值，账本间的链接保证不可篡改；⑤所有交易在账本中可追溯。

(1) 分布式 (去中心化) 结构。区块链数据的存储、传输、验证等过程均基于分布式的系统结构，与传统集中记账方式不同，整个网络不依赖于一个中心化的硬件或管理机构。区块链的账本不是存储于某一个数据库中心，也不需要第三方权威机构来负责记录和管理，而是分散在网络中的每一个节点上，每个节点都有一个该账本的副本，全部节点的账本同步更新。作为区块链的一种部署模式，公有链中所有参与节点的权利和义务都是均等的，系统中的数据块由整个系统中具有维护功能的节点来共同维护，任一节点停止工作都不会影响系统整体的运作。

(2) 集体维护。区块链系统的数据库采用分布式存储，任一参与节点都可以拥有一份完整的数据库拷贝，任一节点的损坏或失去都不会影响整个系统的运作，整个数据库由所有具有记账功能的节点来共同维护。一旦信息经过验证并添加至区块链，就会永久地存储起来，除非能够同时控制住系统中超过 51% 的节点，否则单个节点上对数据的修改是无效的。参与系统的节点越多，数据库的安全性就越高。

(3) 时序不可篡改。区块链采用了带有时间戳的链式区块结构存储数据，从而为数据添加了时间维度，具有极强的可追溯性和可验证性；同时又通过密码学算法和共识机制保证了区块链的不可篡改性，进一步提高了区块链的数据稳定性和可靠性。

(4) 开源可编程。区块链系统通常是开源的，代码高度透明，公共链的数据和程序对所有人公开，任何人都可以通过接口查询系统中的数据。区块链平台还提供灵活的脚本代码系统，支持用户创建高级的智能合约、货币和去中心化应用。例如，以太坊平台提供了图灵完备的脚本语言，供用户来构建任何可以精确定义的智能合约或交易类型。

(5) 安全可信。区块链技术采用非对称密码学原理对交易进行签名，使得交易不能被伪造；同时利用哈希算法保证交易数据不能被轻易篡改，借助分布式系统各节点的工作量证明等共识算法形成强大的算力来抵御破坏者的攻击，保证区块链中的区块以及区块内的交易数据不可篡改和不可伪造，因此具有极高的安全性。通过数学原理和程序算法，确保系统运作规则公开透明，实现交易双方在不需要借助第三方权威机构信用背书下通过达成共识，能够在去信任的环境自由安全地交换数据，使得对人的信任改成了对机器的信任，任何人为的干预都不起作用。

（6）开放性。区块链是一个开放的、信息高度透明的系统，任何人都可以加入区块链，除了交易各方的私有信息被加密外，所有数据对其上每个节点都公开透明，每个节点都可以看到最新的完整的账本，也能查询到账本上每一次交易。

（7）准匿名性。由于节点之间的交换遵循固定的算法，其数据交互是无须信任的（区块链中的程序规则会自行判断活动是否有效），因此交易对手无须通过公开身份的方式让对方对自己产生信任，这对信用的累积非常有帮助。区块链系统采用与用户公钥挂钩的地址来做用户标识，不需要传统的基于 PKI（Public Key Infrastructure）的第三方认证中心（Certificate Authority, CA）颁发数字证书来确认身份。通过在全网节点运行共识算法，建立网络中诚实节点对全网状态的共识，间接地建立了节点间的信任。用户只需要公开地址，不需要公开真实身份，而且同一个用户可以不断地变换地址。因此，在区块链上的交易不和用户真实身份挂钩，只是和用户的地址挂钩，具有交易的准匿名性。

正是因为有以上特点，区块链才不同于传统集中的记账方式，并将得到金融领域更大的关注，甚至引起了各个领域的相关机构和行业的浓厚兴趣。

第二节　区块链监管与政策措施

一、区块链监管的必要性

区块链是一项全新的信息技术，将影响甚至颠覆很多产业业态、商业模式以及管理制度，推动信息互联网升级成价值互联网。近年来，区块链在全球风起云涌，许多国家和机构对其产生了浓厚的兴趣。不过，不同于传统互联网以及其他信息技术，比特币及其所依托的底层技术区块链在产生伊始就自带金融风险。从底层技术或商用价值来看，区块链技术并非完全中立的，抑或在区块链技术中存在较为典型的价值观偏向。在价值观偏向的指引下，区块链在应用场景中多为金融等领域，具体包括数字货币、众筹、清算、结算与审计、智能合约、版权与许可、公证与记录等。如今，区块链已成为金融科技发展最重要的一种信息技术。金融服务是区块链最早的应用领域，也是区块链应用项目数量最多、应用程度最深的领域。区块链一方面给众多行业领域带来颠覆性的变化，另一方面，伴随其产生的虚拟货币交易首次代币发行（ICO），新型金融活动也孕育了巨大的金融风险。区块链在银行、支付、票据、证券、保险和会计审计等金融相关领域运用广泛，因此有必要对区块链技术及应用进行适当的监管。

（1）保护投资者的需要。对任何安全代币发行进行监管就是对投资者的保护。安全代币的监管及认证标准建立，确实在一定程度上保护了缺乏经验的投资者，但这也为相关项目的发展带来了系列问题。例如，ICO 证券发行严格监管限制了谁可以投资未经注册的证券发行，这样一来大大减少了潜在投资者的数量，并让融资变得更加困难。2017 年底的 ICO 热潮说明了为什么要制定投资者保护法，投资者可以向任何人宣传是因为 ICO 的运作不受证券法约束。但不幸的是，这些公司中有许多都是推销商，并没有实际的计划或落地的产品。这些投资者已经被抛弃在尘土中，因为现存的“投资”有许多已经一文不值，投资者根本无法追索他们的损失。要想让完全欺诈的 ICO 变少，只有 ICO 受到更严格的监管审查，对行业内猖獗的欺诈行为进行严格治理，才能建立更加规范、健康的区块链生态系统。

（2）维护全行业合法性的需要。加密货币通常被称为“狂野的西部”。尽管这可能是一种不公平的描述，但正是因为这种不公平的描述，使得该行业的风险远高于传统资本市场。这确实为投资者和企业家创造了一个行动更快、更容易进入的市场，但其中涉及的风险使得最大的参与者——机构投资者不愿冒险进入这个市场。加密货币投资者的一个共同希望是一旦机构投资者对加密技术的投资感到满意，需求就会飙升，价格自然会上涨。

机构认为尽管加密货币社区对监管机构持谨慎态度，但加强监管是积极和必要的一步。只有加强监管，它们才能开始认真进行加密货币投资。个人可以自行决定与加密货币相关的损失风险是否值得。但是，基于此金融机构不仅面临着财务损失的风险，而且还面临着由于信义滥用而产生进一步后果的风险，包括财务处罚和名誉损害。就目前而言，机构性加密货币投资的风险大于回报，因此要不断增加监管，降低区块链投资风险，由此来增加机构投资。

（3）保证高质量代币发行的需要。加强监管将提高代币性发行的整体质量。发行方必须遵守证券法，由此提高进入代币融资市场的门槛，并严格审查代币发行。一个困难且受到高度审查的代币发行过程将阻止欺诈或阻止考虑不周的项目持有 ICO，从而使安全代币发行的质量比过去看到的 ICO 要高。

二、区块链监管的原则

区块链监管的原则主要表现在“币链分离式”监管。区块链技术和加密货币早在 2013 年就开始在我国兴起，当时我国在百度中出了一个搜索比特币的小高峰，而这个关注高峰要远远早于世界上很多其他国家。虽然如此，由于我国政府并没有对区块链或加密货币有过多的关注和监管，臣此当时的区块链技术和加密货币都还只在一个小范围内小规模地发展。这时的区块链技术和加密货币在自由的生长，就像其他刚出现的新兴技术一样。

2011 年区块链和加密货币在我国进入了快速发展时期，是缘于一些从业者的积极报道。中国政府从这时开始看好区块链技术了，并发现其可能对未来社会变革起着重要作用。2016 年 12 月，“区块链”首次被写入《国务院关于印发“十三五”国家信息化规划的通知》，明确可以作为战略性的前沿技术。随着比特币价格的指数式上涨，2017 年在宽松的政策环境中，我国的区块链行业爆发了，火爆的市场吸引了大量投资者，一些问题开始滋生。

面对如此无序的发展状态，我国政府开始重拳整治加密货币市场。2017 年，中国互联网金融协会发布《关于防范各类以 ICO 名义吸收投资相关风险的提示》中指出，以 ICO 名义从事融资活动并未取得任何许可，但是我国政府依然支持区块链技术的发展。国务院在 2017 年 10 月发布的《关于积极推进供应链创新与应用的指导意见》中提出，要建立基于供应链的信用评价机制以研究利用区块链、人工智能等新兴技术。

2017年，我国政府监管态度的逐渐明朗化，是由于多个行政与司法规范文件的出台。从政府的角度来看，加密货币和区块链技术之间彼此分离。一方面，我国应加强对加密货币的监管力度。中国央行最新的工作论文里指出，中国政府认为加密货币不具有货币属性，因其缺少内在价值和主权信用担保，价格的波动较高，不能有效地履行货币职能。因此，我国政府应将重点落在加密货币与法定货币的监管上。另一方面，应鼓励发展区块链技术。值得注意的是，政府鼓励的其实只有无币区块链项目。

其实从加密货币当前自身的发展来看，受其物理性能的局限，加密货币还没有壮大到能够拥有以去中心化来挑战中心化金融体系权威的能力。但不可否认的是我国政府在加密货币发展初期，就已经定下了“币链分离式”的监管原则，可能会在未来降低去中心化加密货币对中心化金融体系挑战的可能。

在中央“币链分离式”监管原则的指导下，对于区块链技术的扶持，各级政府主要采取了规划引导加财政补贴的双重措施。从对区块链技术的定位来看，政府往往将区块链技术与互联网、大数据等技术创新相提并论，共同视为未来发展的重要技术，甚至将这些技术提高至地方发展的战略层面。从国家各类行业发展规划来看，如《“十三五”国家信息化规划》《云计算发展三年行动计划（2017—2019年）》《中国金融业信息技术“十三五”发展规划》《新一代人工智能发展规划》《商贸物流发展“十三五”规划》《教育信息化2.0行动计划》等一系列中央政府部门或各行业管理部门发布的规划文件中都明确提出要加强区块链技术的研发以及其与各类新兴技术的深度融合，赋能实体经济领域。

在对各地方政府发布的文件进行自然语言分析后，也可以一窥其中的内核。地方政府部门也相继出台支持区块链发展的文件，如长沙星沙区块链产业园于2018年6月发布了《长沙经济技术开发区关于支持区块链产业发展的政策（试行）》，对长沙区块链初创企业、创新平台、应用场景产品、人才等提供一系列政策优惠与财政补贴支持。湖南省政府办公厅出台的《关于进一步鼓励移动互联网产业发展的若干意见》中提到，大力支持企业在移动互联网、大数据、物联网、人工智能、区块链等方面开展关键技术攻关和产业化等。各个指导规划对于区块链技术的落地方向给出了非常统一的意见，我国政府希望区块链技术能给金融领域带来革新。金融领域是政府规划中唯一提到的区块链落地场景。

北京最早提出将区块链技术视为互联网金融技术，随后在《关于构建首都绿色金融体系的实施办法的通知》中再次提到区块链，提出要发展基于区块链的绿色金融信息基础设施，提高绿色金融项目安全保障水平；南京、杭州、深圳等城市也相继出台了相关规划与发展措施，大体思路都是要探索以区块链为代表的金融科技的发展，并且要促进大数据、人工智能、云计算等技术与区块链的深度融合，加速新技术的应用落地。目前为加快规划指导执行速度，我们大力鼓励区块链相关企业进驻到地方，而且各地方政府都辅助给予了大手笔的财政补贴，针对区块链技术创新相关企业、研发人才直接以现金补助的形式发放。

三、区块链监管的形态

在“币链分离式”监管原则的指导下，地方政府有针对性地进行规划指导和财政补贴。全国多个省市已经出台了区块链发展相关的指导政策。其中，北京计划成立中关村区块链联盟，上海积极推进庙行区块链孵化基地的建设，浙江要建设西溪谷区块链产业园，海南自贸区也已经成立首个国内区块链试验区。国内的这些省市中，北京和上海并非表现最为积极的，相反杭州、海南、深圳等地区的规划指引更为开放。在数据检索关键词中，杭州和深圳是搜索频率最高的，广州则拥有国内最多的区块链企业，海南更是勇于尝试，率先成立区块链试验区。国内各地区都在积极推动区块链的发展，各个地区的竞争也必然形成一股内在力量，推动该行业快速发展。同时，各地方政府对区块链尤其是 ICO 的监管也日趋严格。

四、区块链监管的政策措施

我国金融科技的发展呈现市场和商业双重驱动的模式。由于我国金融服务体系还不够完善，难以满足国内巨大的市场需求，这也是区块链技术和应用在国内取得迅速发展的重要原因。但是，我国目前金融监管的法律体系还没有考虑到区块链这一新兴事物，在面对来势凶猛的区块链热潮就显得难以招架。我国将区块链、虚拟货币等纳入互联网金融的范围，因此监管也基本上按照互联网金融的监管措施来进行。目前，我国针对互联网金融采取鼓励创新和严格监管的思路，严防风险的产生。国务院于2015年出台的《关于促进互联网金融健康发展的指导意见》，既提出了鼓励创新、防范风险、趋利避害、健康发展的总体要求，又强调了依法监管、适度监管、分类监管、协同监管、创新监管的监管原则。党的十九大之后，中央明确将防范化解重大风险作为政府工作的三大攻坚战之一，其中的重点就是防控金融风险。在这种思路主导下，具有高风险的P2P、虚拟货币等互联网金融产品受到严格的监管，2019年下半年湖南省和山东省取缔了省内全部的P2P平台，这标志着网贷发展正式进入寒冬。

同时虚拟货币的发行也受到国家金融管理部门的严格控制，对ICO实行严格的“一刀切”制度。2017年，中国人民银行、中央网信办等七部委联合发布了《关于防范代币发行融资风险的公告》，报告明确表示将ICO定性为一种未经批准的非法公开融资行为，对相关活动和行为应予以全面整顿，坚决治理市场乱象。公告要求自发布之日起，对于各类正在发行代币融资的活动，必须立即停止，已经发行完代币的融资活动应当做出清退安排，确保各类风险降到最低。

2019年，国家互联网信息办公室发布了《区块链信息服务管理规定》，明确区块链信息服务提供者的信息安全管理责任，有效规避安全风险并提供有效的法律依据。《区块链信息服务管理规定》的颁布与实施标志着我国区块链立法化的正式开始。《区块链信息服务管理规定》明确了区块链监管的机构为国家互联网信息办公室，也就是“网信办”，其上位法是《中华人民共和国网络安全法》与《互联网信息服务管理办法》，网信办的主要监管职责来源于《国务院关于授权国家互联网信息办公室负责互联网信息内容管理工作的通知》的相关规定，具体包括全国区块链信息内容管理，制定区块链相关规范性文件和设定警告、罚款等处罚条例。区块链监管机构包括国家网信办和各省市自治区的网信办，分别负责全国范围内和各行政区范围内的区块链监督管理执法工作。

因此可知，国家明确将区块链纳入了互联网监管体系。该规定也明确了区块链监管的对象，即“在中华人民共和国境内从事区块链信息服务”的主体或者节点，也就是只要在我国境内从事区块链活动的提供商，不管其注册实体是在国内与否都需要受到监管，从而为解决区块链跨区域性造成的管辖权冲突提供法律依据。

第三节　区块链产业发展与服务

一、区块链产业发展的背景

从2014年开始，人们发现比特币的底层支撑技术区块链具有巨大的潜在应用价值，正式引发了分布式记账技术（Distributed Ledger Technology，DLT）的革新浪潮。区块链以其去中心化、透明性、开放性、自治性、信息不可篡改及匿名性等特性成为继大数据、人工智能、物联网之后全球关注的新兴科技之一。区块链的核心优势是去中心化，能通过集成应用分布式存储、分布式共识机制、加解密算法等技术，有效解决传统中心化交易机构普遍存在的高成本、低效率和数据存储不安全等问题，有助于在无须互相信任的分布式系统中实现去中心化信用的点对点交易、协调与协作，从而减少商业摩擦、降低信任成本、构建可信交易环境、打造可信社会[①]。

自比特币白皮书发布以来，区块链技术经历了10年的发展期，从1.0的数字货币到2.0的智能合约，再到现阶段3.0的大规模商业应用时代，区块链行业正经历着高速发展。区块链1.0阶段以比特币为代表，提供了非图灵完备的比特币脚本语言。在比特币资源消耗严重、无法处理复杂逻辑等缺点暴露后，产业界将关注点转移到了比特币的底层支撑技术——区块链上，提出了智能合约的概念，即可运行在区块链上的模块化、可重用、自动执行的脚本，区块链由此进入2.0阶段。在此阶段，区块链技术开始脱离数字货币领域的创新，其应用范围延伸到了金融、贸易、物流、征信、物联网、共享经济等诸多领域。以太坊是这一阶段的代表性基础开发平台，提供了图灵

① 陈晓红．区块链技术及应用发展[M]. 北京：清华大学出版社，2020：38-56.

完备的可编程语言 Solidity，用户可通过此语言编写智能合约，进而构建去中心化应用（Decentralized Application，DAPP）。当前区块链已经进入 3.0 阶段，即“区块链 +”时代，包括区块链 + 仲裁、区块链 + 公证、区块链 + 审计、区块链 + 域名、区块链 + 医疗、区块链 + 通信、区块链 + 司法、区块链 + 版权等。伴随着区块链在金融领域应用的不断验证，其去中心化和数据可靠等功能已经应用到了医疗、保险、游娱、教育等其他有需求的社会领域中。区块链技术的优点使得其在解决中心平台垄断、信息不对称等应用方面有着巨大前景。

近年来，各国政府机构纷纷投入区块链产业的战略布局和产业链的整合，截至 2019 年 12 月，有 14 个国家的政府部门在相关领域已经采用了区块链技术，其中突尼斯、塞内加尔、马绍尔群岛、委内瑞拉四国已发行央行数字货币。各国政府对区块链政策也基本持支持态度。

我国近几年来，各行各业对区块链的关注程度较高，各部委、地方政府开始加强对区块链行业的引导，政策监管体系逐步完善。2019 年 10 月，习近平总书记在主持中共中央政治局第十八次集体学习时指出，区块链技术的集成应用在新的技术革新和产业变革中起着重要作用，要加快推动区块链技术和产业创新发展，探索和推动区块链技术和金融、物联网、人工智能等技术的融合。在各部委、地方政府的大力支持下，目前我国区块链产业处于快速发展时期，资本不断涌入、企业数量迅速增加。

区块链应用加快落地，正在成为各地区实现产业升级，推动数字经济发展的重要支撑。目前，我国区块链产业发展总体上呈现 6 个特点：①我国区块链的产业链条基本形成，产业规模快速增长；②地域分布相对集中，区域优势逐渐显现，产业园区不断壮大；③区块链应用呈现多元化，从金融延伸到实体领域，区块链应用效果逐步显现，解决方案加速推进；④实现协作环节信息化，助力实体经济降成本、提效率，助推传统产业规范发展；⑤产业政策体系逐步构建，产业发展环境持续优化，政策驱动效果渐显；⑥技术滥用导致产业发展存在一定的风险，不可忽视。

区块链作为一种革命性技术，在赋能其他各类产业的同时，也催生出了一个完整的区块链产业生态链。从产业链的生态分布情况，可将区块链产业链大致分成五大类：①硬件设施：为区块链应用提供硬件支持和底层算力；②区块链底层平台及技术解决方案：为区块链应用提供底层架构和开发平台，并使区块链应用部署更方便；③安全服务：为开发者和用户提供区块链安全方面的咨询服务；④垂直行业应用：将区块链技术应用于各个行业及场景，服务最终用户；⑤行业服务：帮助资金、信息等流动，为产业链参与者提供专业服务。

二、区块链安全及服务

当前，我国区块链产业处于高速发展阶段，整个产业链条基本形成。随着区块链技术的广泛应用，区块链的安全性威胁成为其迄今为止所面临的最重要的问题之一。随着区块链技术所产生的经济价值不断提升，其所面临的攻击将呈现出指数上升的趋势。

(一) 区块链需注意的安全方面

1.底层代码安全性

由于大部分区块链项目都是开放源代码的，黑客可以通过分析源代码的缺陷来找到攻击的突破口。在近年来发生的虚拟货币被盗等事件中，有大量是由代码层面安全问题所致的，开源区块链软件存在着不容忽视的严重安全风险。目前，主要的应对措施有接受专业的代码审计和了解安全编码规范，区块链产品在正式发布前应采用自动化或人工的方式对系统源代码进行静态代码分析、交互式代码审计等安全性检查工作，以有效规避潜在的风险。长亭科技提供的区块链源码安全审计服务能提供源码和设计层面的深度安全审计，提前发现解决安全问题与风险，帮助区块链生态规避这一类核心风险。

2.密码学算法安全性

区块链中大量使用了现代密码学的技术成果，包括加解密算法、哈希算法、数字签名、随机数等。密码学是保证区块链安全性和不可篡改性的关键，为区块链的信息完整性、认证性和不可篡改性提供了关键保障。现有数字签名、加密通信的认证、加解密大部分都是基于大素数对的 RSA 和 ECC 椭圆曲线非对称加密算法。加解密算法、哈希算法等密码学机制在区块链中的应用解决了消息防篡改、隐私信息保护等问题，但密码学的安全性来源于数学难度，安全是相对的，密码学固有的安全风险仍未在区块链中得以解决。

目前，针对密码算法进行攻击的方式主要有穷举攻击、碰撞攻击、长度扩展攻击、后门攻击、量子攻击等。穷举攻击、碰撞攻击和长度扩展攻击主要作用于散列函数中，大部分散列函数都受此攻击方式影响。后门攻击主要作用于所有开源的加密算法，如 ECC、RSA 等复杂加密算法。随着大量子比特数的量子计算机系统的发展和商业化，非对称密码算法中的大数因子分解问题可在秒级时间内破解，用于密码破译的量子计算算法主要有 Grover 算法和 Shor 算法。

目前，大部分密码学算法存在被量子攻击的可能性，这也是区块链技术面临的典型攻击手段之一。其主要的应对措施是使用现阶段被证实是安全的密码算法，同时关注抗量子攻击密码算法的研究进展，如基于格困难问题的密码算法、基于多变元多项式的密码算法和基于编码问题的密码算法。

3.共识机制安全性

共识机制是维持区块链系统有序运行的基础，分布式系统的共识达成需要依赖可靠的共识算法来共同验证写入新区块中的信息的正确性。目前，采用的共识机制主要包括 PoW、PoS、授权权益证明（Delegated Proof of Stake，DPoS）、PBFT 等，PoW、PoS 和 DPoS 机制已经过大规模、长时间的实际应用，发展较为成熟。然而，共识机制都存在一个不可能解决的三角问题，去中心化、安全性和算法效率这三者只能同时实现两者。目前，针对共识机制进行攻击的方式主要有短距离攻击、长距离攻击、币龄累计攻击、预计算攻击和女巫攻击。

短距离攻击和预计算攻击主要影响 PoS 共识机制。长距离攻击中比较典型的是 51% 算力攻击，主要影响 PoW 共识机制，当某一个节点控制了 51% 及以上算力之后就有能力篡改账本数据。理论上，基于底层共识协议创建的所有数字货币都存在 51% 算力攻击风险。女巫攻击者主要是通过建立大量的假名标识来破坏整个对等网络的信誉系统，使其获得不成比例的大的影响。目前，主要的应对措施是在设计系统之前充分了解各共识机制的优劣，从中选择出最优的共识机制。

4.智能合约安全性

智能合约是一套以数字形式定义的各种商业交易规则的集合，包括参与方可在其上执行的承诺协议。它部署在区块链上，由一组利益相关参与方共享并共同验证，其目的是提供优于传统合同方法的安全性和降低与合同相关的其他交易成本。由于智能合约的本质是一段运行在区块链网络中的代码，因此也存在安全漏洞。如果智能合约的设计存在问题，将直接影响与之相关的区块链业务的安全性，可能造成巨大的经济损失。

智能合约的开发和使用过程中可能存在 Solidity 漏洞、逃逸漏洞、短地址漏洞等众多安全风险和隐患。目前，针对智能合约进行攻击的方式主要有可重入攻击、调用深度攻击、交易顺序依赖攻击、时间戳依赖攻击、误操作异常攻击、整数溢出攻击和随机数攻击。其主要的应对措施是进行智能合约安全审计，通过静态分析、形式化验证等手段进行安全漏洞的检测；长亭科技智能合约源码安全审计服务可为智能合约项目、智能合约钱包和基于合约的去中心化交易所提供专业的人工安全审计；Quantstamp（quantstamp.com）是第一个可扩展的安全审计协议，可以发现以太坊智能合约中的漏洞。另外，需严格遵循智能合约的安全开发原则，并进行大量的模糊测试与白盒审计，实现 100% 测试覆盖率。

（二）区块链的安全服务

由于目前我国区块链发展主要集中在具体的行业应用中，大多数开发者、平台运行维护者以及用户的安全意识薄弱。随着近年来区块链在底层代码、密码算法、共识机制、智能合约的安全事件频发，区块链安全服务市场逐渐繁荣。安全服务商主要为区块链开发者提供代码审计、安全监测、安全管理等安全性增强服务，提升区块链产品应用安全水平和抗攻击能力。在首届中国区块链安全高峰论坛上，中国技术市场协会、腾讯安全、知道创宇、中国区块链应用研究中心等联合网络安全企业、区块链相关机构及媒体共同发起成立中国区块链安全联盟，致力于建立区块链生态良性发展长效机制，以保护区块链行业的健康发展。

目前，国内代表性的区块链安全服务公司主要有慢雾科技、链安科技，且有各自的安全服务切入点。

慢雾科技专注于区块链生态相关的安全服务解决方案，其核心业务包括安全审计、安全顾问、防御部署、威胁情报、漏洞赏金。慢雾科技是国内首家进入 Etherscan 智能合约安全审计推荐名单的公司，并获得了 OKEx 最佳安全审计合作伙伴奖，累计审计近 600 份智能合约，涵盖以太坊、EOS、星云链等平台，累计发现数十个高危、中危安全漏洞。慢雾科技的安全业务包括云防护、智能合约审计、智能钱包安全、算力安全监控、安全服务、业务反欺诈等方面，并根据区块链技术特性以及用户的实际业务需求，推出了多维度的区块链整体安全服务解决方案。

链安科技是国内唯一将形式化验证应用到区块链安全领域的公司，主要以安全审计服务为主。链安科技自主研发出的“一键式”智能合约形式化验证平台 VaaS 是全球首个同时支持 EOS、以太坊区块链智能合约的自动形式化验证平台，具有验证效率高、自动化程度高、人工参与度低、支持多种合约开发语言和支持大容量区块链底层平台等特点。

三、区块链行业服务机构

（一）区块链产业园与产业基金

区块链产业园是区块链产业集群发展和实现区块链技术应用落地的重要载体。在国家高度重视区块链技术发展的背景下，我国区块链产业园蓬勃发展，从上海宝山区于 2016 年设立国内首个区块链产业园——上海智力产业园天空区块链孵化基地起，全国已建成了 40 余家区块链产业园。目前，我国区块链产业园已基本形成了以长三角、珠三角、环渤海、湘赣渝为主的四大聚集区。另外，海南省于 2018 年设立了海南自贸区（港）区块链试验区，该试验区目前已吸引超过 100 家区块链企业入驻。我国区块链产业园的发展呈现出了三层“阶梯化”的特征，其中第一梯队的综合竞争力最强，以杭州区块链产业园和上海区块链技术创新与产业化基地为代表。总体来看，第一梯队与第二梯队的差距较小，但与第三梯队存在较大差距。

我国区块链产业园的迅速发展离不开相应产业基金的助推，各地方政府纷纷建立区块链产业基金以扶持当地区块链产业的发展。目前，全国共有 8 个省（市）政府发行了规模将近 400 亿元的区块链产业基金，其中，杭州雄岸全球区块链创新基金是全国最早设立的区块链产业基金，河南、杭州、南京建立了规模较大的产业基金，均达到 100 亿元规模。

(二) 区块链媒体与社区

在区块链发展的10年中，技术、媒体与社区缺一不可，媒体是区块链行业的发声平台和展示窗口，社区是汇聚大众关注区块链的基层力量，对于区块链产业的发展都起着非常重要的作用。

例如，金色财经是集行业新闻、资讯、行情等一站式区块链技术服务的平台，且与多家搜索引擎新闻源合作，并与数十家财经及科技媒体达成内容合作。陀螺财经由行业领先的游戏科技媒体“游戏陀螺”与科技媒体“新媒科技”联合成立，旗下拥有陀螺评级、人物专访、新闻快讯、陀螺锵锵等精品栏目。巴比特是国内最早的区块链社区门户，主要为区块链创业者、投资者提供交流与投融资服务。另外，成立于2018年的全球媒体区块链联盟（BIMG）是全球规模最大的区块链行业的媒体联盟，依托福布斯等媒体的强大号召力和成熟运营模式，BIMG组成了全球最大的专注于区块链信息传播的媒体阵营。

区块链社区汇聚众多关注区块链的基层力量，互相学习和分享关于区块链的技术。区块链社区可分为区块链应用社区、区块链学习社区和区块链自媒体博客社区。区块链技术网中文社区以区块链社区和区块链论坛为核心，是区块链技术者的聚集地，提供比特币价格、资讯、行情分析、挖矿资讯和区块链百科知识。巴比特区块链论坛是区块链交流社区，让区块链开发者分享对区块链的理论、去中心化思想、编程开发及未来发展趋势的见解。

(三) 行业组织与研究机构

从2016年起，我国相继成立了中国区块链研究联盟、中国企业区块链产业联盟、中关村区块链产业联盟、中国高科技产业化研究会区块链产业联盟和版权区块链联盟等组织。这些行业联盟主要致力于加强区块链技术合作和交流，输送区块链行业报告，培养区块链专业人才。

中国区块链研究联盟由全球共享金融百人论坛（GSF100）联合论坛理事单位共同在北京发起设立，致力于打造区块链技术的联合研究、信息共享、政策沟通等多维一体的区块链平台。

中关村区块链产业联盟是全球首家专注网络空间基础设施创新的区块

链产业联盟，致力于构筑区块链产业高地，促进区块链产业化，推动社会经济和相关产业的发展。版权区块链联盟由版权业务相关、拥有独特行业资源的企业或组织等共同组成，以建设共赢版权生态系统的联盟，致力于服务版权事业，以创作即确权、使用即授权、监测即维权的目标为指引，在知识经济时代让版权实现更大价值。

为了加快推进区块链核心技术自主创新，近几年来国内相继涌现了达摩院区块链实验室和万向区块链实验室等一大批企业区块链研究机构。达摩院区块链实验室致力于区块链技术中共识协议、密码学安全、跨链协议等方面的研究和应用。万向区块链实验室是我国首个专注于区块链技术的非营利性前沿研究机构，实验室聚集的区块链领域专家就技术研发、商业应用、产业战略等方面进行研究探讨，为创业者提供区块链技术指导。除了企业，国内外高校也纷纷成立区块链研究实验中心以培养区块链人才，推动区块链发展。牛津大学建立区块链研究中心，该中心的研究小组与工业界合作研究如何提高区块链的采矿效率。斯坦福大学建立的区块链研究中心专注于研究区块链技术及其潜在影响，并为区块链行业制定最佳实践准则。西安交通大学联合量子链基金会、纸贵科技成立了智能区块链技术研究实验室。清华大学经济管理学院成立了数字金融资产研究中心，旨在开创数字金融资产新兴领域的学术研究。

随着区块链技术的快速发展，相关行业和企业对区块链人才的迫切需求与专业人才严重紧缺是当前区块链技术领域的主要矛盾之一。美国和英国最先开设区块链课程，此后世界各地的高校也相继开设区块链相关课程，建立区块链人才培养体系。区块链行业对研发人员的需求、人才空缺和高薪资的待遇也导致了大量区块链培训机构的出现。目前，我国开设关于区块链的课程培训机构较多，其中包括链块学院、孔壹学院、火链学院和黑马程序员等。

四、区块链的服务平台

（一）区块链的硬件设施及云算力平台

1. 区块链的硬件设备

在基于区块链技术的数字货币交易中，挖矿的收益最先被认识并因此得到迅速发展。挖矿是将基于 POW 的数字货币交易去中心化的一种主要手段，它通过计算机解出一连串复杂的密码学题目，以便将交易双方的钱包地址、交易金额和时间等相关信息增加至新的区块中。区块链硬件设施为各种应用提供物理资源和驱动，是区块链原生的产业，主要为区块链运行提供各种算力和硬件支持，包括矿机生产、矿机芯片生产、矿池服务，以及为区块链提供云算力等服务。

在全网算力难度不断增加的驱动下，作为区块链产业发展基石的区块链硬件制造业得到了迅猛发展，芯片的计算能力不断增加。挖矿技术经历了从最早个人计算机上的 CPU（中央处理器）挖矿、GPU（独立显卡）挖矿，到专业矿机挖矿，专业矿机又从 FPGA（可编程门阵列）挖矿过渡到 ASIC（专用集成电路）挖矿，再到集群化（矿池）挖矿的过程。世界上第一个区块即由中本聪用其电脑 CPU 挖出。由于 CPU 并不擅长多线程并行计算，因此逐渐被拥有数量众多独立计算单元和超长流水线的 GPU 所取代。2013 年以后，FPGA 也被用于挖矿，且比 GPU 的效率更高，同时还大幅降低了耗电量。目前，专业矿机挖矿市场为 ASIC 所主导。相比于其他挖矿技术，ASIC 具有耗能低、体积小、稳定性高、保密性强、成本低等众多优点，因而被普遍使用。

进入 ASIC 挖矿时代，由于全网算力呈指数级别增长，单个矿机挖矿的收获概率极低，大规模集群化的挖矿模式成为必然的选择，主要包括矿场挖矿与矿池挖矿。矿场是为数字货币矿机挖矿提供集合的场地，且通常建在电力成本较低的地区；矿池则是将大量分布在不同地区的矿机、矿场的算力组织起来，通过集合算力的方式进行挖矿。

我国比特大陆的蚂蚁矿池、鱼池 F2Pool、比特币中国 BTCC 等矿池算力均处于全球领先水平。蚂蚁矿池是一家高效的数字货币矿池，提供比特币、莱特币、以太坊多种数字货币的挖矿服务，并支持 PPS（每股支付）、PPLNS（Pay Per Last NShares，每最近 N 股支付）、SOLO（独立挖矿）等多种付款方式。鱼池 F2Pool 是我国第一家数字货币挖矿平台、全球最大的综合性数字货币矿池。

在区块链硬件设备领域，世界排名前三的区块链硬件设备厂商比特大陆、嘉楠耘智和亿邦国际均为我国公司，且旗下产品蚂蚁矿机、阿瓦隆矿机、翼比特更占据全球 90% 以上的市场。

比特大陆科技有限公司（BITMAIN）是一家高速、低功耗定制芯片设计研发的科技公司，拥有 16nm 工艺集成电路的量产经验，成功量产了多款 ASIC 芯片，其产品包括算力芯片、算力服务器、算力云，主要应用于区块链和人工智能领域。目前，比特大陆已经完成了矿机、矿池、云挖矿、区块浏览器、钱包等多方面布局，拥有全球领先的矿机硬件 Antminer、用户体验最佳的矿池 Antpool，以及全球最大的云挖矿平台 Hash Nest。比特大陆是全球市场占有率最大的比特币挖矿全生态链服务提供商，矿机市场占有率全球第一。

嘉楠耘智是全球第二大加密货币矿机生产商，研发了全球首款基于 ASIC 芯片的区块链计算设备，也是全球首个 7nm 芯片研发成功量产的机构。其主营业务为用于区块链计算的 ASIC 芯片及其衍生系统的研发，并提供相应的区块链解决方案。其芯片产品主要作为区块链系统的基础计算设备，为整个网络提供算力支持，被广泛应用于挖矿领域，是矿机生产商的代表之一。目前，比特大陆和嘉楠耘智已经在芯片上进行布局。

2. 区块链的云算力平台

随着全网算力难度的不断提升，区块链云算力平台开始成为挖矿的主流方式，国内外矿机制造商、矿池、交易平台纷纷开始涉足，成为近年来比特币产业链的投资热点。在云算力挖矿中，用户在云算力平台购买云算力合约，以租借算力资源的方式进行远程挖矿。相比于自购矿机挖矿，云算力平台的一次性投入更低、无技术门槛限制，也不用考虑机器维修、散热、噪声、上架等复杂因素，用户只需要在平台购买相应的算力套餐就能根据币价和全网算力每日结算收益，大大降低了用户的挖矿门槛，也提高了算力的流动性。

云算力平台主要有两种类型：①“自有型”云算力平台，即厂商自建或者投资矿池，并部署矿机、出售算力，典型代表是 CEX（CEX 是第一家出售挖矿算力的平台，拥有全球最大算力的大规模挖矿机阵列）；②“平台型”云算力平台，厂商搭建算力交易平台，通过招募矿场主，并将算力注入平台出售，类似于国内的天猫模式。比特大陆的算力巢（Hash Nest）是首家提出这个概念并上线运营的云算力平台，在挖矿芯片、矿机生产能力、市场运营经验和用户群体方面都拥有明显的竞争优势，是目前最为活跃的云算力平台，其算力总数已经在全网占有较大份额。

区块链云算力平台灵活便捷的轻挖矿模式使得其在市场上的接受度越来越高。从2019年起，云算力平台的市场增长一直呈指数级别的趋势，云算力平台的发展步入快车道。2019年3月，我国首个区块链云算力中心——智谷算力中心落地西安高新科技金融自贸区，目标是为企业提供数据存储解决方案，打造全球标准化数据存储中心。目前，全球已有50多家区块链云算力平台，其中较为主流的平台有算力巢、CEX、Gene is s Mining、比特小鹿、RHY、考拉矿场、矿世云、牛比特、算立方、KGfire、NiCehaSh等，这些平台的云算力市场占有率达到80%以上。不同平台相应的云算力产品从接入的矿机机型，到云算力挖矿成本、回本周期等指标在数据上也有所差异。

2014年成立的Genesis Mining是一个老牌的国外区块链云算力平台，目前是全球最大云算力平台，合作的矿场主要在地热资源丰富、电价成本较低的冰岛。比特小鹿为用户提供包括矿机购买、物流、电力管理、矿场、矿机的运维等一整套挖矿服务解决方案，与全球顶级的8家矿池建立了合作，并支持BTC、BCH、ETH、LTC、DCR、ZEC等多币种的矿机。比特小鹿创新性地引入了“算力切割技术”，可以将矿机的算力切割为单位算力，直接接入矿池，同时检测算力在矿池的运行情况和收益。比特小鹿还自主开发了算力监控自调度系统和波动自平衡系统，当算力出现异常波动时，能及时将算力自动切换到其他矿场或者矿机以进行平衡，保证用户在套餐周期内的平均算力达标。

此外，迅雷公司首创了共享计算模式，并于2017年8月推出了区块链共享经济智能硬件——“玩客云”。玩客云以区块链技术为基础，通过已授权的智能硬件设备记录、筹集用户家中闲置的计算、存储、带宽资源，把千家万户连接成一张云计算网络，并通过虚拟化技术以及节点就近点对点访问的调度技术，为企业提供优质低成本的云计算服务。通过结合区块链技术和玩客云，迅雷实现了共享经济业务规模的跨越式增长，目前服务于上百家企业，使企业运营成本得以大幅度下降，同时也改善了用户的互联网体验。

(二) 区块链的底层平台及其解决方案

1. 区块链的底层平台

在区块链技术发展的早期，底层平台和应用是高度耦合的，只是为了实现单一的数字货币交易功能。随着基于区块链平台“以太坊”去中心化应用（DAPP）的出现，底层平台和应用开始分离，整个区块链的产业链开始逐步衍生出了各个不同的生态层次。区块链底层平台为各类区块链的应用提供了底层架构、开发部署平台等，起到类似基础操作系统的作用。目前，公有链平台、联盟链平台和区块链即服务（Blockchain as a Service，BaaS）是3种比较主流的平台模式。自2019年以来，区块链底层平台发展迅速，根据赛迪全球公有链评估指数，仅作为评估对象的全球主流公链平台已超过30个。由于不同区块链平台之间在设计理念和实现上的差异较大，在区块链底层架构的标准未出台之前，区块链底层平台技术与应用的竞争将会日趋激烈。

（1）公有链平台。公有链平台定位为区块链操作系统，主要为区块链应用搭建分布式数据存储空间、网络传输环境、交易和计算通道，是未来区块链技术落地应用的核心基础。公有链平台是最早的区块链平台，也是目前应用最广泛的区块链平台。公有链是一种任何人都可以参与其共识过程的非许可链，世界上任何个体都能发起一笔交易，且交易能得到该区块链的有效确认。公有链一般会通过代币机制来鼓励参与者竞争记账，来确保数据的安全性。公有链的优点主要有：任何人通过互联网都能访问到所有公开的交易数据，通过一定的激励机制实现了大规模的协作共享等。因为公有链平台完全去中心化和面向大众的特性，公有链平台通常适用于数字加密货币以及面向大众的一些金融服务、电子商务等应用。

当前在全球范围内具有极强的影响力的公有链平台有比特币、以太坊、EOS等。2019年末，赛迪区块链研究院从不同技术维度对全球35个公有链平台进行了综合评估。评估结果显示：全球三大DAPP平台为EOS、以太坊、波场，排名前十位的还有纳世链、应用链、NEO、斯蒂姆链、比特股、比特币、恒星链等。比特币是一种采用工作量证明机制（POW）、完全通过点对点技术实现的电子现金系统。由于比特币的脚本语言不是图灵完备的，因此无法实现更高级的应用。

虽然公有链平台具有众多优点，然而随着公有链中加入节点数的增加，整个系统的效率就会降低，因为每增加一个新的节点，就需要多达成一次共识。因此，公有链需要在低交易吞吐量和高度去中心化之间做一个权衡。

（2）联盟链平台。联盟链是一种通过对多中心的互信来达成共识的许可链，并由利益相关的联盟成员节点共同参与记账。与公有链不同的是，联盟链是“部分去中心”或者“多中心”的区块链，联盟链账本上的数据只有联盟成员节点才可以访问，并且数据的读写权限、参与记账规则等操作需要由联盟成员节点共同决定。另外，联盟链通常设有节点准入控制和权限控制机制，只有通过授权后才能加入或退出网络，即只有一定的权限许可，才可以作为一个新的节点加入。

当前，公有链平台还无法解决区块链不可能三角问题，即区块链的去中心化、安全性、可扩展性三者不能同时满足，而且公有链平台在商业落地等方面也存在很大的挑战。与公有链平台相比，联盟链平台更适合将技术和业务结合的场景需求，且联盟链中的成员之间大多以商业契约的方式进行合作，更符合实际的商业应用场景。例如，联盟链更适合成员之间的交易、结算，类似于银行间的转账、支付。因此，通过联盟链平台可以打造一个内部生态系统来有效提高商业效率。

国外区块链联盟组建较早，知名区块链联盟典型代表有 Linux 基金会支持的超级账本（Hyperledger）项目、R3 区块链联盟均成立于 2015 年，以及 2017 年成立的企业以太坊联盟（EEA）。

到目前为止，我国联盟链平台已达到 30 多家，并且还在呈现增长态势。随着国家政策层面的推进，我国联盟链产业生态正逐步加速落地，其中国内最具影响力的 3 个联盟链平台是中国分布式总账基础协议联盟（China Ledger）、分布式应用账本开源社区（DApp Ledger）、金融区块链合作联盟（深圳）（简称“金链盟”）。

中国分布式总账基础协议联盟于 2016 年 4 月由中证机构间报价系统股份有限公司等 11 家机构在上海发起成立。该联盟致力于研究开发满足共性需求的区块链底层技术，主要聚焦于资产端的分布式总账应用，从精选的应用场景中提取出若干具有普遍性的金融服务模式，开发具有针对性的商业解决方案。该联盟将自主研发一套含基础账本在内的整个分布式总账技术体系，各成员机构将共同维护该基础平台，并基于该平台各自搭建自身的应用系统。

分布式应用账本开源社区（DApp Ledger）于 2017 年 12 月由中国区块链技术和产业发展论坛发起成立，是国内最具代表性的区块链开源社区。该社区以成员自主开发的底层平台为基础，重点孵化的开源项目有 BCOS、AnnChain 和 Ontology Zero。

BCOS 是由微众银行、万向区块链及矩阵元三方共同研发的区块链开源平台，定位为企业级应用服务的区块链技术平台。BCOS 支持账号管理、资产管理、交易管理、安全控制等模块功能的配置，能满足其在金融、健康医疗、供应链、工业、物联网、能源服务等多个领域上的适用性。AnnChain 是众安科技研发的企业级区块链平台，该平台采用了交易即共识的方法，有效提高了交易效率和交易并发数，已在数十家企业的商业场景中进行了工程化应用。金链盟于 2016 年 5 月由多家金融机构发起而成立，成员覆盖银行、基金、证券、保险等多个行业。该联盟的目标是整合并协调金融区块链技术领域内的相关资源，并在此基础上开发开源的区块链平台和基础应用。金链盟开源工作组在分布式应用账本开源社区的 BCOS 平台基础上，聚焦金融行业需求，共同研发了开源的 FISCO BCOS 平台。目前，已有数百家机构基于 FISCO BCOS 开源平台搭建了各种不同的区块链应用场景，包括以资产数字化、供应链金融、交易清结算、数据存证等为代表的商业应用。

目前，在得到政府、企业的认可及商业落地的同时，联盟链平台自身存在的一些行业问题仍制约着联盟链平台的大规模实际应用。首先，联盟链平台只依靠少量成员节点去实现部分去中心化，这加剧了平台被恶意攻击和少量成员节点串谋的可能性；其次，由于联盟链平台缺乏统一的行业标准，不同联盟链平台间无法进行互通，不同成员在解决方案上还存在一些差异，数据孤岛问题依然存在；再次，由于缺乏公有链中的通证激励体，联盟链还需要构建自己的激励模型；最后，在应用规模发展方面，联盟链平台还普遍存在交易效率低、扩展性弱、缺少完备的面向企业级业务需求的工具箱，以及缺乏灵活的权限管理控制机制等缺陷。

(3) 区块链即服务平台。作为一种分布式的基础设施，区块链平台的部署和维护过程相当复杂，这导致企业无法快速地实现基于区块链技术的各种应用场景落地。近年来，一种将区块链与云计算深度结合的新型云服务平台——区块链即服务（Blockchain as a Service，BaaS）应运而生。BaaS 由微软和 IBM 两大巨头提出，通过采用容器、微服务以及可伸缩的分布式云存储等技术，对外提供区块链网络及应用的创建和运行时的服务管理、维护管理、安全监控等功能。它还可根据开发者的产品和业务特点，提供各种不同的在线配置功能以满足客户的高度定制化需求。

企业在接入 BaaS 平台后，可通过平台工具在云平台上快速构建、调试和部署各种区块链应用，并可通过多维度权限管理来保证企业链上数据的高安全性和高可靠性。BaaS 平台通过把计算资源、存储资源、区块链记账和应用开发能力转化为可重复利用的库，使得开发人员能专注于业务应用层面的开发。BaaS 大大降低了开发和应用区块链技术的门槛与部署、运维成本，未来在大规模企业级应用中，BaaS 平台有望成为公共信用的基础设施。

由于构建 BaaS 平台需要大量硬件支撑，而且对技术更新具有很强的依赖性，目前 BaaS 平台几乎都是由互联网巨头把控，而且大部分都是基于已有的云计算平台。目前，国内外的 BaaS 平台已超过 40 家，按照服务商的主体不同可将 BaaS 平台划分为传统互联网巨头的 BaaS 平台（如微软、IBM、亚马逊、谷歌、甲骨文、SAP、阿里、腾讯、百度、华为等）和垂直行业巨头的 BaaS 平台（如华大基因、58 同城）。从巨头布局的角度而言，国外互联网巨头微软和 IBM 重视发展区块链的核心底层技术，亚马逊积极开展合作伙伴关系，谷歌以投资的方式为主。国内互联网巨头则注重独立开发、建设自己的生态系统，尤其重视区块链在金融领域的应用。

2015 年 11 月，微软与以太坊工作室 ConsenSys 率先在 Azure 云平台上发布了以以太坊为基础的 BaaS 平台，旨在为区块链技术提供快速、经济的部署环境，目前支持部署以太坊和超级账本 Fabric 网络。2017 年 8 月，微软发布了企业级开源区块链基础平台 Coco 框架，用于构建企业级加密水平的大规模区块链网络，2017 年 10 月宣布推出区块链项目 Azure Government Secret，为政府客户提供在云环境中使用区块链技术。2018 年 5 月，微软发布 Azure 区块链工作平台，用于加快区块链应用的自动化开发流程，尝试用自己的架构方式创建区块链企业生态联盟。目前，微软在保险、游戏版税、农作物溯源、证券清结算、供应链金融等方面实现了区块链的商业应用，如和证券交易所纳斯达克一起发布了基于区块链技术的金融交易，和安永咨询合作发布了全球首个基于区块链平台的海运保险。

IBM 于 2016 年 2 月在云平台服务 Bluemix 的基础上推出了基于超级账本 Fabric 的 BaaS 平台，目前的市场份额仅次于微软 BaaS 平台。该平台提供了完全集成的开发运维工具和不同类型的区块链网络部署方案，并对相关资源进行了性能优化，使得开发人员可以在 Bluemix 云服务基础上快速创建、部署、运行和监控区块链应用程序。另外，该平台还实现了一种全新的共识算法以改进隐私保护和可审性、最新的加密算法，以及单独连续可调的安全和数据保护措施。目前，IBM 在银行、金融、物流运输、供应链、食品溯源、教育等各个领域实现了区块链的商业落地，并相继推出了用于改善借贷流程的影子链、身份认证系统和云端安全服务等区块链项目。IBM 在区块链的场景应用和落地案例方面也是最丰富的，如和沃尔玛合作对食品供应链的安全进行追溯；和中国邮政储蓄银行合作，推出了基于区块链技术的资产托管系统。

全球云计算的开创者亚马逊于 2018 年 4 月正式发布了基于 AWS 云服务的 BaaS 平台，旨在帮助开发人员快速构建基于以太坊和超级账本 Fabric 的可扩展区块链和分类账解决方案，其中的 AWS Managed Blockchain 组件可根据特定应用程序的需求自动进行扩展。通过该平台提供的分类账数据库 Amazon Quantum Ledger Database（QLDB），可以建立一个集中式分类账来记录所有应用程序数据的更改。亚马逊主要以与第三方合作的方式为客户提供区块链在医疗数据、金融保险和在线广告等领域的解决方案，2018 年联合 Kaleido 推出首个全栈平台 Kaleido Marketplace，提供即插即用服务并集成在线软件商店，帮助企业区块链项目快速从概念验证进入实际业务投产。

目前，基于已有的云计算业务，我国互联网巨头企业百度、腾讯、阿里、京东等数十家企业已推出了 BaaS 平台，且切入的场景应用领域各不相同。百度、腾讯主要面向金融领域的区块链技术应用。阿里和京东因受其主营业务的影响，主要在商品防伪溯源领域进行区块链技术应用。

百度于 2017 年 7 月依托 Trust 区块链技术框架发布了度小满金融区块链 BaaS 平台，该平台提供了完备的区块链开发、部署工具，包括线上沙盒、完整应用案例、openAPI、多语言 SDK 等。针对企业不同的业务场景，平台提供了区块链各项目属性、模板和机制的高级定制配置。百度主要着眼于金融领域的企业区块链应用构建，已在支付清算、数字票据、银行征信管理等领域建立了成熟解决方案，目前已经支撑了超过500亿元资产的真实性问题。

2017年11月，腾讯推出了基于腾讯云和腾讯基础平台TrustSQL的金融BaaS平台TBaaS，并于2018年3月发布了《腾讯云区块链TBaaS产品白皮书》。该平台支持超级账本FabriC、FISCOBCOS、R3-Corda等不同区块链底层技术，并将这些异构区块链平台进行了二次封装，为用户提供了基于区块链进行快速开发、测试、部署等一整套企业级解决方案。企业或金融机构只需关注如何把区块链技术应用到实际的业务场景中去。

TBaaS平台在金融、医疗、零售等行业都有成功的应用案例。2018年8月阿里云发布了基于阿里云的企业级BaaS平台，该平台构建于Kubemetes之上，支持超级账本Fabric、蚂蚁金服自研区块链技术，以及企业以太坊Quorum；支持一键快速部署区块链环境，实现了跨企业、跨区域的区块链业务场景快速落地。该平台广泛应用于商品溯源、供应链金融、数据资产交易等领域。

2018年8月，京东基于自主研发的企业级区块链底层引擎JD Chain发布了区块链防伪追溯BaaS平台智臻链，平台中各层功能相对独立，各层功能配合为企业提供优质服务，目标是提供灵活易用和可伸缩区块链的系统管理能力，降低企业应用区块链的技术门槛及人力资源成本，促进区块链应用落地。基于Kubemetes引擎，该平台支持多种区块链技术底层，供企业根据不同业务场景进行选择，并支持企业自建BaaS平台，数据完全由企业持有，从根本上解决数据安全问题。京东将重点放在商品的防伪追溯上，商品原料的生产、加工、物流运输、零售交易等数据都可上链。此外，医药追溯、数字存证等服务也是智臻链的应用场景。

自2018年开始，垂直行业巨头纷纷布局BaaS平台领域。2018年5月，华大基因发布了《华大区块链白皮书V1.0数字化生命的价值交换》，定位了“健康医疗”这一垂直应用场景，并发布了具有自主知识产权的生产级BaaS平台。该平台提供了区块链平台一键式运维部署工具，集成了同态加密、零知识证明等算法，并通过丰富的编程接口为上下游合作伙伴提供灵活方便的区块链功能集成与运维部署服务。华大基因结合测序仪等配套硬件基础设施，为企业内部生态与外部合作伙伴提供测序仪+区块链硬软件配套的数据生产流通全流程可控制、可审计、可监管的一站式解决方案。比如华大基因将长沙市妇幼健康平台上各个机构节点接入华大区块链 BaaS 平台，实现孕产妇基因筛查及诊断数据在产筛机构与产诊机构间安全共享。

2018 年 8 月，58 集团依托其生活服务推出了 BaaS 平台——58BaaS，主打招聘、二手车、房产等垂直应用场景。该平台实现了高可用、多组织管理、隐私保护、智能合约管理等技术，可提供整套区块链部署、应用开发、实时监控、弹性伸缩的解决方案，助力企业及开发者快速、低成本构建区块链应用。

BaaS 平台为企业快速部署区块链应用提供了便捷的方式，使得没有足够资源去独立开发区块链应用的公司能够快速搭建区块链体系，这对于企业推广应用区块链技术具有重要的意义。然而 BaaS 平台依然面临不少挑战：一是不同服务商都是主打自己的生态体系，采用的密码学算法、共识机制、API 标准等都不一致，造成不同的链之间无法实现有效的数据交互，每个链都成了信息孤岛，这就需要进一步发展跨链技术，使区块链之间的价值交换成为可能；二是 BaaS 平台的商业模式尚在早期阶段，新的盈利模式很容易被模仿，因此产品存在较高的同质化现象。

2. 区块链的解决方案

针对客户特定的商业场景需求，区块链解决方案在底层平台的基础上进行扩展，提供一整套高度定制化的区块链技术解决方案，目的是让开发者基于区块链技术快速开发出去中心化的产品和应用，加快区块链的企业级应用落地进程。它的优势在于能优化整个业务流程、降低运营成本、提升协同效率。

区块链解决方案供应商关注的是区块链技术解决方案本身，并联合不同垂直行业来实现区块链技术的场景落地。随着区块链技术的不断发展和推广，几乎在所有的产业场景都能落地区块链应用，因为几乎所有的产业场景都涉及不可信环境下的交易，都有降本增利的需求，而这正是区块链技术所擅长的部分。目前，区块链技术解决方案主要的落地应用场景包括金融服务、公共事业服务、社会公益、供应链管理和物联网等，其中最为活跃的区块链技术应用领域是金融服务业，具体在数字货币、跨境支付、供应链金融、交易清算、保险理赔等方面已形成了一大批典型的应用案例。在实体经济和公共事业服务中，区块链技术应用已取得了较多阶段性的成果，包括物流防伪溯源、数字版权保护、电子存证、医疗服务、公益慈善。目前，在政府管理、交通物流、现代征信等领域成熟的区块链产品和应用相对较少，普及化的水平也相对较低，区块链解决方案正在逐渐发展完善。

目前，区块链解决方案供应商主要有互联网巨头（如百度、腾讯、阿里巴巴、京东）、其他互联网企业（如网易、美图、暴风影音等）、初创企业（如趣链科技、云象、天河国云等）和传统企业（如中国平安、招商银行、微众银行等）。自2016年互联网巨头百度、腾讯、阿里巴巴、京东就开始进行区块链技术的研究和战略布局。2018年，百度、腾讯、京东相继发布区块链白皮书，将区块链技术应用于金融、供应链、产品溯源、公益慈善等领域。其中，百度、腾讯主攻金融领域的区块链技术应用，而阿里巴巴和京东则主要围绕商品防伪溯源和电商进行区块链应用。网易推出了基于区块链的网易星球，通过区块链加密存储技术将个人产生的数据转化成数字资产。暴风影音发布了智能硬件设备"播酷云"，让用户在贡献空闲带宽资源时获得基于区块链技术的奖励积分。美图基于区块链技术推出了一个去中心化、安全加密的身份通行证——美图智能通行证（Meitu Intelligent Passport，MIP），为用户构建全面的美图智能档案。

区块链产业初创企业包括趣链科技、云象区块链、天河国云等在产业落地方面也取得了很多成果。趣链科技是业内落地场景最多的公司，先后与近百家金融机构达成合作，提出了以金融业为核心的示范业务应用及通用行业解决方案，已上线的应用场景包括数字票据、应收账款、数字存证、数据交易、供应链金融、溯源、物流管理等。趣链科技开发了国产自主可控区块链底层技术 Hyperchain 平台，并推出了区块链开放服务平台——飞洛，该平台提供了各种场景化服务，包括面向供应链金融领域的飞洛供应链和面向存证溯源领域的飞洛印，以解决商业参与方之间的互信问题。目前，飞洛供应链已有数百家供应链企业入驻，飞洛印也已广泛应用于电子合同、药品溯源、电子证书等场景。

云象区块链是超级账本项目的成员，主要致力于为企业级客户提供身份验证、数字存证、贸易金融、股权交易、供应链管理、产品追溯等商业区块链应用。它是金融领域区块链落地项目最多的企业之一，已为中国民生银行、中国光大银行、兴业银行、香港证券交易所等大型金融机构提供基于区块链技术的商业服务。云象荣登“2018中国区块链企业百强”榜首。天河国云基于区块链技术提出了电子产品知识产权保护技术方案，通过结合湖南长沙马栏山视频文创产业园这一应用场景，实现了数字产品知识产权存证确权、版权登记、侵权监测、实时取证、司法维权、版权交易等一系列关键技术，构建了完整的数字产品知识产权生态体系。

传统企业则针对已有的应用场景，通过自主研发、投资区块链公司或者战略合作等方式开展与区块链技术相关的技术和服务，进行区块链技术的应用试点。比如中国平安推出了针对资产交易、征信两大应用场景的区块链应用，招商银行实现国内首个基于区块链技术的跨境支付应用。

第二章　区块链技术生态体系运营与实体产业的发展

区块链获得广泛应用，在人类社会中发挥着最大价值。本章对区块链技术生态体系的构建、区块链中公有链的设计与运营、区块链中行业链的设计与运营、区块链开发架构与应用、数字经济视域下区块链技术与实体产业的发展进行论述。

第一节　区块链技术生态体系的构建

一、区块链生态体系的技术架构层次

从技术架构上来看，完整的区块链生态系统包括有底层链、行业应用平台和去中心化应用，每一层分别具有不同的要求与特征[①]。

在一个完整的良性的区块链生态体系中，就技术架构而言至少应包括这么独立的两层：

（1）底层链。底层链是具有多主体参与的、广泛分布式算力支持与规范治理的。底层链的“可信性”是区块链生态的根基，底层链的价值就在于为区块链生态体系中的区块链应用提供“可信计算”服务，就像云计算为互联网应用提供存储、计算与网络服务一样，区块链的底层链为区块链应用提供公开透明、不可篡改的“可信计算”服务。

（2）区块链应用。区块链应用是具有真正可信计算需求的丰富的、规模化的，是区块链底层链“可信计算”服务的需求方与“消费者”。

区块链应用具有行业性、专业性、多样性，需要结合具体的应用领域，

① 赵其刚．区块链农业应用[M]. 北京：中国农业出版社，2020：135.

进行有针对性的开发，而为了让这些应用具有更为广泛的用户参与，区块链应用就需要标准化、平台化、模式化。就技术架构而言，区块链的生态体系建设至少包括这么两层建设任务：①底层链的建设；②应用平台的建设。

二、区块链技术下的农业生态体系建设

(一) 生产方面

为了解决农业发展的现有问题，可以通过区块链的智能合约理念建立起多方担保的农业信贷支农模式，以区块链为载体，在互联网上发挥高效率、低成本、信息完整透明、数据准确安全的作用。信贷用户的每一笔交易都将被追加到区块链账本上，担保方与信贷用户都被允许了解其信息，区块链技术下的信贷模式以信息抵押代替传统的物资抵押，申请贷款时不再依赖银行、征信公司或者中介机构提供的信用证明，调取区块链的相应信用信息并签署智能合约即可申请。

征信数据获取后引入区块数据层区块中进行非对称加密，对每个信贷用户的身份进行标识认证，依其去中心化特性将用户信息公开透明化，其精密的加密技术提高了造假的成本，使得数据难以篡改，打破传统信贷模式的时间、空间与资金的约束，保证农产品生产者与担保方信息传递。同理，应用于保险方面，因为智能合约具有自治、去中心化的特征，一旦检测到农业灾害，合约便会自动启动，赔付流程变为智能评估—验证—赔款，使得流程简化而效率提高。

(二) 流通方面

农产品物流的地域性与时效性更加明显，面临的问题更为严峻。在现有的供应模式中，区块链技术将有助于其优化与改造。借助物联网运行机制，将区块链技术应用到农产品物流体系建设上将有助于解决流通过程中频发的难题。

在农产品流通的各个环节中由物联网相关监控设备进行数据的实时监控，并将数据实时传入区块里进行加密存储，保证了数据的真实性和可用性，若出现异样情况，整个区块链因其共识机制收到相关预警，有助于及时

止损。对于确保农产品质量安全、稳定运维成本有重要意义。

(三) 销售方面

将区块链技术引进农业销售则可以有效实现农产品从田间到零售终端的全过程信息查询，达到质量安全追溯的目的。

在农产品溯源链中，相关用户进行注册后信息存入区块中获取相关授权和认证，消费者在购买农产品的同时也会授权获得密钥进入区块链实现追溯数据查询，保证溯源架构体系的参与者可以进区块链了解节点内信息。在每一节点上录入产品种植、流通、销售等全部信息，依靠不对称加密和数学算法从根本上消除了人为因素，保证了信息的安全可靠性。此过程也将保证相关监管部门在更高授权中对数据的随时查询，如若出现不实信息，则可顺着区块链链条进行纠责。而采购商通过种植过程以及大数据分析、选择信任的农户，可以实现利益最大化。

三、“区块链 + 供应链”协同生态体系的建构

(一) 区块链技术助力传统供应链转型

“区块链 + 供应链”协同生态体系是物流行业面对日益强大的消费市场的新探索，它扎根于传统物流，在承继传统供应链惠民配送理念基础上又突破其传递效率低下的发展瓶颈。当下，以大数据、云计算等数字技术为内核的“区块链 + 供应链”协同生态体系，以降成本、提效率为突破口，将供应链系统的运行范围从商品流通领域拓展至商品生产领域。

“区块链 + 供应链”协同生态体系的核心理念在于通过大数据信息共享，保障物流的精准、快速送达，以建构基于客户合作的供应链平台。“区块链 + 供应链”协同生态体系通过整合供应链上下游信息，实现全域数据共享，用户能够实时准确地获取物流信息，消费者的用户体验攀升。区块链技术的数字化处理能力成为供应链转型的最佳帮手，助力传统供应链向“区块链 + 供应链”协同生态体系转型。

1. 消除市场现存问题，完善供应链交易体系

以物流供应链为例，区块链技术打造的高效供应链管理平台将众多分

散的中小物流企业有效整合，并据此形成的信息化、集约化、规范化的物流供应链市场格局，将成为我国未来物流供应链的发展方向。

在区块链技术下，物流供应链中交易主体的全部交易信息将被公开透明、准确无误地载入专门“账本”，供应商、物流企业、金融机构等各交易主体均可对物流数据进行实时优化、实时共享与全程追溯。

区块链供应链交易平台有效提升了物流信息的精准度，提高了供应链系统的纠纷追责效率，最大限度地消除了供应链市场现有的问题，这是对传统供应链行业交易体系的一种升级。

2. 降低市场交易成本，完善供应链行业结算系统

供应链市场的交易成本主要由三部分构成：①运输费用与保管费用。运输费用与保管费用属于要素成本，是供应链企业在日常经营活动中产生的费用，是一种可控成本。②管理费用。管理费用属于制度性交易成本，是企业运行过程中为执行行业规章制度所必须支付的成本，是一种不可控成本。

从市场交易费用理论出发，要有效控制供应链交易成本，需掌握行业最原始的交易数据信息，并将其作为制定成本控制方案的依据。可见，供应链数据的可靠性与安全性直接影响成本控制方案制定的精准及实施方案的有效。以时间戳、密码保护、节点保护等技术为支撑的区块链技术，可确保供应链数据的安全性与可获取性，这使得区块链天然地匹配了供应链的成本控制需求。

3. 为供应链企业成本追踪提供路径遵循

区块链的去中心化交互形态和网络终端对等形态，可实现物流数据交互信息初期定额指标的确定化与后期成本控制的可反馈性；而且，上述以区块并联为基础的物流网络账簿可供供应链主体随时查阅，根据实时查阅的信息结合事先设定好的物流期限、经济条件、人力成本等预设指标，供应链主体便可实施物流成本指标的调档存储分类与物流方案调整，这为企业成本追踪与控制提供了可靠路径。

去中心化的“清结算”交易模式，实现了供应链主体的集约与整合，促成了市场各方的直接交易，显著降低了供应链中介交易成本。区块链信息系统是一个集各交易节点终端于一体的数据网络平台，不断延伸的供应链中包括运单、承运人、中间人、里程、费用等全程物流在内的各项数据。在此平

台下，零散的市场交易各方得以联通，他们可“点对点”地直接交易，即供应链用户可以根据平台数据源，直接将交易费用转入承运人账户，实现“清结算”服务。这种去中心化的“清结算”交易模式，有效解决了供应链系统中的数据规范性流通问题，为分散的经营主体进行集约和整合找到新的着力点，逐步剔除了当前依托层层中介的供应链组织方式，取而代之的是大型轻资产物流中介组织，显著降低了供应链的中介交易成本。

4. 提高市场监管能力，优化物流行业信用环境

区块链技术与互联网大数据的有机结合，可以保持整个物流网络节点数据一致性的重要内核。作为典型的分布式协同系统，区块链在多方共同维护下形成了一个不断增长的分布式数据记录体系，该体系可以差异化地实时掌握各节点的动态行为，迅速完成对各交易节点的信用跟踪与监控。

基于区块链物流市场监管体制的核心就是借助密码学技术，保护物流数据的时序性和准确性，进而实现物流生态全覆盖的信用穿透。

基于区块链智能合约及“点对点”交易模式，形成实时互联网高速信息流，监管机构可据此建构一套基于智能合约机制的物流主体信用评级算法并形成一整套物流行业征信评级标准，借以助推物流监管与信用考评走向标准化与专业化。

通过区块链背书的物流信任机制，将充分扩展商业信用与银行信用之间的关系，构建政府信息与社会信息交互融合的大数据资源共享应用机制，并据此拓展社会信用应用网络。这种双向多维度的信用管控体系与区块链的供应链智能体系双组合，相当于对每一个参与主体都进行了完整的“信用评级”与全面信用赋能，由此实现物流行业生态信用的构建。

(二)“区块链 + 供应链”协同生态体系的耦合机制

1. 耦合机制的技术经济特点

(1) 耦合机制促成传统供应链信息传递模式向“区块链 + 供应链”协同生态体系转型。在协同主体耦合机制下，物流数据平台集成为一种谱系化的分布式公共账本，通过区块链共识算法，各相关节点以“点对点”的网络协议实现对信任机制的重构。协同节点间的数据交换通过数字签名技术实施验证，从而确保各个节点具有对等的权利和义务，实现物流交易数据的自我验

证、自我传递与自我管理。

由于交易信息数据会在各协同主体的各节点进行冗余备份，这样即使交易的某一单节点数据出现损毁，也不会影响信息系统的完整性。所以，这种基于协同主体耦合机制的、由各节点共同维护的物流链式组织系统，使得物流信息平台具有更强的抗变性。

（2）耦合机制促成传统供应链交易信任模式向“区块链＋供应链”协同生态体系交易信任模式转型。区块链技术建构的信任系统建立在技术背书基础之上，革除了传统供应链的中心化交易组织模式，形成了区块链特有的交易创新耦合机制。相对于传统供应链的交易机制，这种链式交易创新耦合机制保证了分布式节点间的数据交互，可以在不需要相互信任及中心机构信任担保的情况下进行线上匿名交易。针对供应链主体间的多元化复杂交易，这种链式交易创新耦合机制，实现了各交易主体的协同验证，减少甚至消除了因缺乏信任而产生的机会成本。

区块链交易创新耦合机制将促成传统供应链交易信任模式向“区块链＋供应链”协同生态体系交易信任模式转型：区块链特有的交易创新耦合机制，将供应链信息完整而有序地连接在一起，使得各节点交易信息具有安全透明、防篡改及可溯源等特性，最大限度地克服了传统物流作业中参与主体存在的责任推诿等机会主义行为，有效地提高了主体间的信任程度与交易效率，为供应链交易主体责任划分提供了可靠追溯。

区块链智能合约创新耦合机制促成传统供应链监管模式向“区块链＋供应链”协同生态体系监管模式转型。从信息技术角度看，区块链的核心技术是一种旨在以数字方式传播、验证或执行合同的编码协议，这种协议即为智能合约。该合约的重要技术特点是市场参与各方执行可信交易不需要委托第三方组织即可达成，且这些交易具有较强的技术可追踪性与不可逆性。

与供应链耦合后，智能合约执行着物流交易信息接受、存储、发送、控制与管理等多项功能。在此过程中，供应链交易双方拟定合同即启动了智能合约的初始化，此时加密代码自动执行；交易达成后，合约系统自动生成包括交易费用、交易参与主体等物流信息在内的合约交易账户。随后，借助P2P网络，交易账户信息扩散并储存至区块链的每个节点，并由合约系统定期执行自动机状态检查与验证，据此实现各用户节点对合约条件与执行结果的自动判别。

区块链智能合约创新耦合机制，促成传统供应链监管模式向“区块链+供应链”协同生态体系监管模式转型；区块链智能合约克服了传统供应链外包，导致的物流主体无法对运输与配送进行有效监管的弊病，实现了无第三方委托的物流交付安全，极大地提升了供应链合约的执行效率。

2. 耦合机制的运用机理与运行效能

“区块链+供应链”协同生态体系，从网络结构维度、网络功能维度两方面揭示了区块链在流通经济学中的运用机制与运行效能。

(1) 从网络结构维度看，“区块链+供应链”协同生态体系由五个层级架构而成。

第一层级将采集到的物流、资金流、信息流等数据联结在一起，并与区块链技术深度融合，依时序链接成具有网状结构的冗余数据通路，经由时间戳服务中心生成相应的哈希值，再辅以加密技术保障数据的安全性、防篡改性和可追溯性，最终实现供应链交易数据的存储、运行与安全。

第二层级为虚拟网络层，其主要功能是通过接入P2P组网方式、数据验证机制及交互协议等技术，实现供应链交易各节点的信息交互。其间，同类型信息组成具有拓扑结构的信息区块，区块与区块之间建立无障碍交流机制。但区块节点受公钥制约，未被授予公钥的节点（如网络攻击者）不能实现信息共享，这就确保了单一物流交易节点信息破坏将不会波及其他交易节点，避免了信息恶意篡改行为，保证了物流的安全配送。

第三层级为核心共识层，它是供应链生态体系区块链社群治理机制，该机制通过各节点共识算法，以确保“去中心化”决策权在高度分散的物流信息系统中高效地达成记账权共识，增加恶意篡改数据欺骗网络中其他节点的行为难度，进而确保物流交易信息的可信任流转。

第四层级为智能合约层，内置供应链的行业内部合约、国家行业政策合约、相应法律合约与社会道德合约等，该层级基于密码学技术使相关合约数字化，并据此植入到供应链信息扩展程序当中，为应用层的供应链生态体系展示服务。

第五层级为应用层，该层级为供应链生态模型的展示层，内置诸如供应链生态体系应用场景、案例、未来蓝图等，其间明确了物流信息生产者、传递者及消费者等供应链主体的行动权限，并确保其身份信息的绝对隐私权。

（2）从网络功能维度看，“区块链 + 供应链”协同生态体系从实体物流、资金流与信息流三个方面决定了“区块链 + 供应链”协同生态体系的运行安全与运行效能。

“区块链 + 供应链”协同生态体系中，“去中心化”、智能合约、分布式账本等区块技术有效确保了供应链的转型与升级。实体物流与资金流是“区块链 + 供应链”协同生态体系系统的基础，信息流是“区块链 + 供应链”协同生态体系的“神经网络”，三者在“区块链 + 供应链”协同生态体系中维持着动态的链式依存关系。

① 从实体物流配送角度看，基于区块链的智能仓储以仓储作业与配送作业流程为纽带，依托区块链技术解决传统物流配送安全问题。区块链智能仓储网络大多采用内部直接连接的局域网技术，由此形成对物流仓储平台的实时监控与追溯，确保智能仓储系统的运行安全。

“区块链 + 供应链”协同生态体系平台对物流安全配送的实现是基于区块链非对称加密技术和数字签名技术的应用创新。非对称加密技术是区块链系统内所有权验证机制的基础，非对称加密技术使用一对密钥，其中一个密钥加密信息后，另一个对应的密钥才能解开，且无法通过公钥推导出相应的私钥。交易双方主体通过实名制私钥签名完成交付，并将物流状态载入区块链系统，进而有效避免伪造签名的虚假签收现象，有效保证了物流的安全配送。

② 从资金流角度看，区块链技术建构的“去中心化”机制重塑了资金流的基本架构。区块链的分布式账本功能参与到每笔交易中，各节点协同资金信息记录、直接进行资金信息交互，而且任一节点损坏均不会影响供应链网络的运行，有效降低了财务部门间的对账成本。另外，“点对点”交易和防篡改技术使数据交互可匿名且不需要相互信任，降低了财务部门间的结算费用与资金对账成本，有效防止资金风险集聚。

③ 从信息流角度看，信息传递方式的变革是传统供应链向“区块链 + 供应链”协同生态体系转型的关键。不管是实体物流配送还是物流资金结算，都离不开相应信息的安全传递。在“区块链 + 供应链”协同生态体系中，

信息主体既可充当信息供应者与传递者，又可扮演信息消费者和分解者，他们之间既有明确的角色界限又相互依存转化，进而形成多元复合关系。

信息供应者是信息流的起点，他们收集、发布信息。信息传递者是供应链的信息传递通道，他们传输、分享各类信息。信息消费者处于信息流末端，他们通过主动搜寻以获取供应信息和需求信息。各信息主体均为信息分解者，对供应链信息进行过滤与分解，对内协调各类要素发展，对外抵御一系列安全隐患，以维持供应链信息生态的健康与和谐。可见，在“区块链+供应链”协同生态体系中，信息主体是核心，信息环境是媒介，信息技术是支撑，各方协同引发供应链产业的新一轮变革。

(三)“区块链+供应链”协同生态体系的制度设计

1. 数据共享网络的建构

“区块链+供应链”协同生态体系的数据传递、交换、更新与维护均由包括供应商、物流企业与客户等各节点在内的多主体协同完成，这种链式结构数据网络平台为供应链数据的安全快捷与可溯源性提供了可靠保证。构建互信共赢的供应链数据共享网络：

(1) 应改变传统的以物流公司为中心、按层级传递信息的数据分享模式，并据此向“去中心化”、无层级化的数据共享模式转型。数据传递模式的转型将对实现供应链信息安全透明、实时共享、自由高效起到变革性作用，旨在促成交易各参与主体间的互信共赢。

供应链交易主体由商家、物流企业、消费者等多方组成，在物流供应链中各主体间存在多重复杂交易，其间赋予各主体平等的权利与义务，并引入“去中心化”信任机制，在各分布式节点间形成一个永久存储物流数据信息并不断延续的“链”，实现物流真实记录及验证交易，以避免数据信息受到某一中心系统的强制操控，确保数据的真实可靠，降低各方因缺乏信任而导致的信息搜索成本，进而实现供应链多方互信共赢。

(2) 搭建供应链数据“集体共管共存”机制。供应链数据“集体共管共存”机制旨在促成供应链企业与银行等金融机构间的互信共赢。受限于资金规模小、信用评级低等问题，中小型供应链企业难以从金融机构获得融资，阻碍其健康有序发展。

运用区块链“全局性安全”的基础安全架构，将社会物流供应链中的所有企业数据由行业组织建构统一的托管平台进行集中管理，并接入银行等金融机构数据监管系统，实现物流供应链数据的“集体共管共存”。事实上，由于区块链的防伪特性，被载入托管平台的数据基本可确保真实有效。

建构互信共赢的物流供应链数据共享网络，不仅有利于包括产品商家、物流消费者和银行等供应链金融支持主体的参与，更有助于促成传统供应链企业向“区块链 + 供应链”协同生态体系的转型。

2. 行业区块链技术标准体系的建构

（1）打造“区块链 + 供应链”协同生态体系，规范区块链的行业应用，应强化政府引导。比如德国政府计划至 2021 年底在金融、信息、技术应用等五个领域采取措施，发挥区块链技术带来的机遇与潜力。

（2）强化相关机构组织的支撑作用，制定合法合规的区块链技术标准体系。我国工信部正协同并对接国际组织，加快制定我国的区块链标准体系，提高国际话语权。

（3）制定物流行业区块链技术规范在政府引导、机构支撑的基础上，还应加强市场的主导作用。

（4）实施“以链治链”的技术驱动型“区块链 + 供应链”协同生态体系行业监管模式。随着区块链技术向供应链的融合拓展，这种以中心化信用背书为逻辑的传统经济业态监管方法将发生根本性变革。因为作为一项新兴技术，在助力数字经济创新发展的同时，区块链本身的技术创新潜力巨大，助其发展需要以健全其自身的试错、容错包容机制。因而，传统的以第三方机构对其实施强力监管将无益于区块链技术的创新发展。

事实上，区块链技术天然就与监管结缘，正如我国金融经济学家黄震所言：区块链本身就蕴含“实时动态在线”的思想内核，它天然地与监管高度契合，并在风控方面有着突出表现。

基于此，“以链治链”的技术驱动型监管将成为“区块链 + 供应链”协同生态体系的重要监管模式。对于新型物流监管而言，“以链治链”就是引入区块链监管科技，并以之作为监管工具，同时结合供应链行业规制，在区块链与供应链企业融合发展中充分发挥行业参与者的专业优势，缓解监管盲区与监管资源稀缺等问题，同时将区块链监管成本内部化，减少区块链监管中套利行为的发生。

借助区块链技术智能合约具有的高度自治性，搭建起覆盖全链条、全过程、全主体的信用评价机制，并以此为核心，建立公众广泛参与、政府资源开放、市场主体建设的信用考核体系，逐步打通商业信用与行业信用体系间的联系，通过供应链行业信用与诚信机制，推动“区块链＋供应链”协同生态体系从自发监管向自治监管转型。当然，实施“以链治链”的技术驱动型“区块链＋供应链”协同生态体系行业监管，主要基于区块链本身的全网记录、跨时空链接以及自信任机制等技术特点。事实上，技术本身具有中立性与发展性的特点，“以链治链”也必须紧跟技术步伐，根据发展的区块链技术而做出实时调整。

四、区块链技术下的创新共享平台信用生态体系

为了保障创新共享平台的高质量可持续发展，以“货币区块链、交易区块链、信任区块链、监管区块链”的联盟区块链技术为支撑，构建创新共享平台的高质量信用生态体系。

（一）生态体系的事前防范

高标准引领高质量，信用信息共享平台信用标准的制定和完善，使创新共享平台参与方的信用行为和保障制度有法可依、有章可循，占据信用保障的制高点，提升平台信用的核心竞争力。

信用信息共享平台的信用数据共识共通可协助创新共享平台参与方查询信息，参与国家、行业、团体、地方等信用标准制定，科学、系统地引导平台用户明晰信用界定的标准、信用评级的体系标准、信用的法律法规及规章制度等，有效防控平台失信行为。

（二）生态体系的事中监管

（1）联盟区块链对创新共享平台信用生态体系的过程管理包括以下几方面：

①可利用区块链的哈希算法为平台交易过程中的每个用户输出唯一“标识”，保证交易数据的不可逆转和交易信息的可追溯性。

② 可利用区块链的非对称加密算法保障平台交易双方的权益，以公钥验证交易合法性，以私钥保护用户隐私。

③ 可利用区块链的默克尔树数据储存结构验证平台用户交易数据的真实性，结合哈希算法防止交易数据被篡改。

(2) 联盟区块链对创新共享平台信用生态体系多元协同包括以下几方面：

① 可利用区块链共识机制联通平台所有区块链数据，实现数据信息共享、互通共识、公开透明，成功阻断恶意攻击。

② 可通过智能合约，实现不同区块链数据自动存储、识别、判断、共享和协同监管。

③ 当创新共享平台的参与方发生交易信用行为时，可启动联盟区块链，将交易信用数据发布到其他节点，以便信用生态体系各主体方对这些信用数据进行真实性检测和核实，确认后形成本地新数据，实现信用数据的一次记录，循环往复完成全部数据的上链。

(三) 生态体系的事后奖惩

创新共享平台的信用风险预警和信用联合奖惩需要整个系统的全方位的监管和保障，利用联盟区块链实时记录和存储平台参与方的信用数据，将其记入企业和用户的信用档案，用以检测信用行为，通过信用信息共享平台进行信息披露，协同多部门对用户的信用行为进行界定和联合奖惩。一旦发生失信行为，便会触发联盟区块链的信用智能合约，自动识别和预警信用风险信号，对平台参与方的失信数据进行广播和更新，将更新的数据传达到联盟区块链的各个节点，进行信息披露，实现创新共享平台各主体方的联合奖惩。

总之，创新共享平台信用生态体系高质量建设的基础是“标准引领 + 法律护航”的事前防范，核心是“过程控制 + 多元协同”的事中监管，保障是“信息披露 + 联动机制”的事后奖惩，环环相扣、相互制约，激励诚信，惩治失信，助力推进我国诚信保障体系的建设。

第二节　区块链中公有链设计与运营

一、区块链中公有链设计的要求

作为“信任”基础设施的区块链底层链，其建设首先要明确的关键性目标如下：

（一）公信力

区块链底层链的核心工作就是解决“信任”的问题，区块链是以“算法”和“机器”等技术设施为基础的信任构建模式，但区块链应用的推进过程本质上是一个“信任”迁移的过程，因而“传统信任”越聚集的领域就意味着是“信任”需求最丰富的领域，因而就越具备条件和资源向区块链信任迁移。

在国内，要充分发挥国家信任、政府信任所累积的信任需求与资源，来发展具有广泛公信力的“信任链”。在我国，若政府遵循区块链的思想、规则与规律，牵头组织建设区块链底层链，一定更具有公信力。但在这一过程中，政府一定要自觉遵循区块链的基本精神、规则与规律，否则将难以激发社会参与的热情。

（二）安全性

发布于区块链上的数据既要能在其公开的范围方便获取，同时也要确保未被授权的用户被禁止访问；“既公开又保密”的要求必须借助于区块链的安全技术机制与设施来确保。同时，在国内我们还必须考虑政策的要求，对非法的数据必须要有施加控制的能力，但这些能力的存在又不能太多地影响区块链的公信力、去中心或多中心的性能特征。

（三）分布性

区块链从技术上来提供的“信任”保障，是通过“去中心”或“多中心”的分布式算力来确保的，因此参与区块链算力提供的节点越异质化、主体越多样化，算力的分布性就越好。以某一区块链平台为例，底层的硬件设施就是一家公司提供的，其算力分布性与一条私有链并无本质差别，很难说在此基础上构建的区块链平台具有广泛公信力。因此，若仍然按照传统互联网平台构建的思维，力图一家独大或单一主体控制和主宰算力资源，这种思想不是区块链的思想，所构建的区块链网络难以具备广泛的公信力。

(四) 高性能

区块链的底层链要具有高可靠、高性能的接入能力，因此，区块链底层链的共识机制就不能采取低效的共识机制，并且网络算力提供方必须在去中心与专业性之间进行平衡，普通的企业、个人用户就没有必要参与算力的提供。

二、区块链中公有链的建设与运营

(一) 算力节点与技术架构的选型

(1) 算力节点的建设。算力节点的建设主要考虑的因素包括分布性、高性能、共识机制等。分布性需要参与区块链网络算力的提供方在主体属性、地理区域上尽可能广泛分布；高性能需要算力的提供方具有技术设施的专业性，可以大幅缩小区块封装时延、传输时延，从而最大可能地提升区块链网络的交易性能。

(2) 技术架构的选型。目前，可供进行区块链网络部署与运营的主流技术架构，主要是联盟链技术架构的超级账本与公有链技术架构的以太坊。

在解决信息化建设中的绝大部分信息共享工程与项目中，超级账本是一种选择，这也是目前国内绝大部分区块链项目的技术选型。

(二) 公共设施与区块链生态布局

(1) 公共设施的建设。区块链网络需要提供可供普通用户接入网络、了解网络状态、查询网络数据的基础设施，以最大可能地呈现区块链网络的“信任”基础设施的特性，实现网络数据对各个参与方的数据对称，算法逻辑、数据运行的透明性、规范性与可追溯性。区块链网络的基本公共设施应包括有源码开放平台、网络节点监视平台、区块链浏览器、用户账户管理工具与接入客户端等。

（2）区块链生态布局。区块链网络的持续发展需要有一个良性循环的生态链，这个生态链除了前面链下治理包括的三方面组织以外，还需要有广泛的区块链应用运营商、企业与普通用户的参与。其中，区块链应用运营商可以是前面的算力节点商，也可以是普通的应用企业。区块链网络的生态布局需要对标国计民生中对信任需求特别旺盛的领域，通过多方合作协同开发应用平台与发展生态用户，以推进区块链生态体系的持续繁荣。

（三）链下治理的构建

区块链本质上仍然是一个技术工具，准确地说是人们群体共识的执行工具。如何来形成群体共识、确保群体共识的执行与持续升级完善，是区块链链下治理的核心内容。譬如比特币的社群，以太坊三权分立的链下治理架构都是值得我们借鉴的。

在国内，我们要建立一个具有规范治理的区块链网络，需要重点考虑这三方面链下组织的建设：

（1）区块链网络的基金会，基金会扮演的角色类同一个公司的股东会，是整个区块链网络的权力机构，决定区块链发展方向及相关重大问题，基金会可基于智能合约进行规范化、透明化的去中心化治理。

（2）算力节点联盟，由参与区块链网络算力提供的专业机构联合组成，具有规范、民主的进入和退出机制，是区块链网络的实际运营主体，算力节点联盟成员也是基金会的重要投票成员。

（3）技术研发组织，负责区块链网络节点软件及技术设施的升级维护及各类技术支撑，是区块链基金会的技术执行机构。

通过这三方面机构的去中心、民主与透明的链下治理，从而凝聚和维护区块链网络的共识，并不断推动区块链网络生态的发展壮大。

第三节 数字经济视域下区块链技术与实体产业的发展

一、数字经济视域下区块链技术

（一）数字经济视域下数字技术的影响

数字经济是一个经济系统，通过数字技术的广泛使用，并由此带来了整个经济环境和经济活动的根本变化。它不仅可以降低用户的行动成本，赋予用户更多的权益，还能提升人们的生产效率与生活体验。

事实上，当我们纵观目前市场上可以接触到的各种数字技术和新型商业模式时便不难发现，它们给整个经济环境和经济活动带来的根本变化，绝大部分都可以归纳为两点：

1. 降低用户的行动成本

降低用户的行动成本是指通过将可能妨碍用户行动的事物进行中心化管理，从而减轻用户的负担，让其行动更便捷。

成本中心化是指去中心化的个体将可能增加自己行动成本的事物托管给相对可靠的中心化机构，只在需要时进行调取，从而在享受同水平权益的同时大大减少行动成本以及其带来的生产与生活体验损失。其典型案例如下：

（1）共享经济。对于享受这些服务的用户来说，他们自己不需要再购置交通工具或携带充电宝，而是可以选择租赁由中心化供应者提供的服务与产品，这样便可以节省出行工具和储能设施的携带、停放、保管等成本（包括时间和精力成本）。①

（2）云平台。相对于共享经济中的交通工具和储能设施等产品，信息存储设施的去中心化运输和保管所需要的成本更高。在运输方面，用户一般只能携带移动数据存储设备，如U盘和笔记本电脑等，在保管方面，用户需要保持高度的警觉以及对存储设备进行一定程度的加密，而且为预防存储设备丢失后造成重大损失，还需要对文件进行备份。通过将数据存储至云端，

① 朱晓武，王征，孙航．区块链与实体产业重新定义数字经济[M]. 北京：人民邮电出版社，2019：3.

用户一方面可以从任何电子设备上调用信息，减少其运输成本；另一方面可以借助云平台的专业安保能力，减少信息的保管成本。

2. 赋予用户更多的权益

赋予用户更多的权益，即通过数字技术将过去聚集在中心化机构或团体的技能分配给去中心化的个体，从而让用户可以进行更多样化的行动。在这方面，典型的案例包括移动互联网，以及由大数据引领的新零售等。

（1）移动互联网。纵观通用类电子设备的发展史，移动互联网的本质就是各类权益逐渐去中心化地分配且权益使用范围不断扩大的过程。例如，文字、图像、音频、视频的输入权和发布权，心率、血压、步数等健康指标的检测权，甚至所处位置、行动轨迹等其他信息的知情权，都是从传统的中心化传媒、医疗、交管等机构逐渐下沉到了去中心化的用户手中。

（2）新零售。与电子设备的发展类似，零售业的发展也是处在一个不断去中心化的过程。根据专业化程度的差异，迄今为止零售业的发展可以大致分为三个阶段：①零售 1.0 阶段。零售 1.0 阶段是“所有消费者一个店”，相对较粗放，不利于消费者进行筛选；②零售 2.0 阶段。零售 2.0 阶段是通过对商品进行分门别类，形成了“每类消费者一个店”的模式，但其所针对的仍然是相对中心化的长尾群体；③零售 3.0 阶段。零售 3.0 阶段是通过大数据收集和筛选以及人工智能的推理形成了“千人千店”的格局，使每位去中心化的网购消费者都能得到拥有专有购物界面的权益。

（二）数字经济视域下区块链的作用

改善现有的机器系统，使数字经济能够发挥自身效能，赋予用户更多的权利，需要从以下两方面进行改善：

1. 提高信道的可靠程度

提高信道的可靠程度，使用户的行为信息可以更全面、准确、迅速地被收集、传导、解析，最终转化为可靠的解决方案。而解决的方法主要是完善相关标准，提升信道的性能指标。例如，在信息生产环节，铺设更多度量精准的智能终端硬件设备；在信息收集环节，统一各种数据的标准，打破“信息孤岛”，从理论上实现信息兼容。

在信息传输环节，提高通信网络的能效、覆盖半径、传输速度等；在信息存储环节，加强云平台的计算能力和可靠程度，提高其信息存储与处理能力；在信息分析环节，提升人工智能算法的可靠性。

在搭建通畅的信息传输通道的问题上，目前限制这些数字技术发展的主要原因在于这些技术本身。例如，智能硬件的敏锐性、大数据行业的标准化、各种通信网络的容量以及计算机的算力等。因此，要想让信息顺畅流动，从而创造价值，实现权力下放，一个重要的前提就是要完善这些基础设施。

2. 解决利益主体间的信任问题

对于 C 端的信息提供者来说，这些信息是他们的隐私；而对于 B 端的信息收集者来说，信息则是他们的核心资产。如果在信息流通的过程中，信息因为各种主观或客观的原因出现了流失，那么无疑将会给当事者带来经济损失、生活困扰，甚至人身威胁。在这种情况下，我们就有必要通过区块链技术，在数字经济网络中不同的利益主体之间构建信任的桥梁。根据潜在隐患的不同，主要有以下两种具体的构建方式：

（1）客观因素导致信息泄露。如果担心信息在流动的过程中，因为外界攻击和入侵等客观因素而遭到泄露甚至篡改，导致用户蒙受损失，那么解决方案主要有两种。

① 不使用区块链技术，通过网络安全技术加强信道，尤其是中心化云平台的安防水平，以抵御外界的攻击。

② 使用区块链技术，把中心化云平台打造成去中心化平台，让攻击者无从下手，即将文件以分片加密的方式拆分后存储在隶属于多个不同利益主体的计算机中，而文件保存的位置与流转的过程则保存在区块链上，等到需要时按照链上的索引提取并组合即可。

（2）人为因素导致信息泄露。如果担心信息在流动过程中会因为相关机构的作恶等人为因素而出现泄露的情况，那么解决方案也有两种。

① 在针对 C 端数据提供者的保护上，可以用区块链技术对数据进行确权，并在未来边缘计算技术成熟之后将用户的数据保留在边缘平台而非中心化云平台上，让用户拥有对自己数据的所有权；相关密钥由自己保管，如果产品开发与运营机构想使用这些数据，需向产品用户提出申请，且每一次流转都需要获得用户的授权，只有对方用密钥进行签名之后才可获得数据的使

用权。

② 在针对 B 端数据收集者的保护上，则可以通过让数据分析者仅获得用户的使用权而非所有权来对数据资产情况进行保护。由于数据分析者对大数据的需求主要是为了打磨自身的 AI 算法，因此在进行数据使用权的交易时，其实际上不需要获得完整的数据，而只要提供自己原始的算法模型即可。在交易过程中，买卖双方将算法模型和大数据上传到基于联盟链的智能合约中，除了数据提供者之外，任何人都无法看到数据内容；在训练完毕后，数据文件包可以退回给数据收集者或就地销毁；而数据分析者得到打磨完毕的模型，大数据就这样在没有泄露风险的情况下、在区块链智能合约的保护下完成有效流转。

总之，区块链与现有数字技术的结合是一个发展总方向，未来必然会有可提升的空间存在。

二、数字经济视域下实体产业的发展

去中心化过程实质上是各种各样的权力从顶层的专业中心化机构向基层个体下沉。“去中心化”是经济与科技发展的客观必然，其不以人的主观意志为转移。事实上，早在“去中心化”一词传播开来之前，社会中就已经出现了很多“去中心化”的经济现象。

(一) 信息中介的存在重要性

去中心化经济给人们带来了前所未有的便利，但同时也给社会治理带来了前所未有的挑战，其中最明显的当属利益主体之间的信任问题。具体地说，是在很多行业去中心化、行业中的个体失去中心化机构品牌站台的情况下，要如何在服务的提供者与消费者之间搭建信任的桥梁，让双方顺利地进行对接与交易。由于消费者本身的精力有限，无法逐个对众多服务提供者进行高成本的详细调查，因此对其而言，最好的方法就是选择一个可信的利益主体作为信息中介，让信息中介对这些去中心化的服务提供者进行审查，最终通过信任链条将自己对信息中介的信任传递到分散的服务提供者之上。

在去中心化的经济体系中，进行信息审查与筛选的信息中介堪称最重要的角色之一。纵观互联网发展的历史可以发现，近年来很多声名鹊起的科技巨头所从事的正是这种“站台兼撮合”的工作。例如，优选电商就是在为去中心化的优质产品提供者站台，搜索引擎就是在为去中心化信息提供者站台，小视频平台就是在为去中心化视频提供者站台，共享经济 APP 则是在为 C 端的交通、住宿服务提供者站台……可以说，任何一个看上去不起眼的细分领域都有可能诞生独角兽体量的信息中介，进而支撑这个行业去中心化经济体系的发展，最终对社会发展产生巨大的影响。

为了打造一个更理想的去中心化经济体系，便提出了“去中介化”的方案，试图在交易网络中剔除信息中介环节，让产品和服务的提供者与消费者进行直接对接。类似于“没有中间商”的口号就是这种设想的直接体现。然而从现实情况来看，要想在不影响正常的产品和服务流通的情况下做到这一点并不容易。虽然中介机构不直接从事生产工作，但它们却通过信息的筛选与撮合，使相关的产品和服务尽早地实现了对接，并产生了商品流与现金流。如果消费者想要享受这样的附加服务，就必须通过中介。

以房产中介为例，如果没有其存在，在绝大多数情况下，人们就不得不如同大海捞针一般自己去搜寻相关信息。如此一来，人们就只能退而求其次，在保留信息中介的同时，又要避免其权力过于集中，以提高服务质量，也就是所谓的“弱中介化”。而打造可信信息中介的技术就是本书将要重点介绍的区块链，其原理大致为：通过利用区块链上信息极难篡改的特点，将相关的信息记录到区块链上，进而增强信息中介所记录历史数据的可信性。尽管这听上去比较简单，但因为不同行业与环节构筑信任所需要的信息各异，因此如果能够在合适的场景下使用区块链技术，将会起到意想不到的良好效果。

（二）信息中介中区块链的提升作用

在了解了去中心化经济的定义以及信息中介与区块链技术在其中所起到的作用之后，我们来具体看一下区块链对去中心化经济中信息中介的影响。

区块链技术对于去中心化经济系统的作用主要是降低利益主体之间的信任成本，进而促成双方的顺利对接与交易。而实现的方式是将相关的服务信息记录在极难篡改的区块链上，以解答人们关于交涉或交易对象是否值得信任的疑问。

区块链要想在去中心化经济体系中创造利益主体之间的信任，其过程与原理没有想象的那样简单。尤其值得注意的是，在去中心化经济中，难以用行业标准简单地衡量非标准化产品和服务的为数并不少，而且其规模还在持续扩张。出现这种情况最主要的原因是随着经济的发展和生活水平的提高，人们对产品和服务的需求已经从马斯洛需求理论底层的生理和安全需求上升到了更高阶的尊严和自我实现需求。满足底层需求的产品和服务的特点是由于它们所处的发展阶段比较成熟，很容易用清晰的行业标准来评判；而满足高阶需求的产品和服务很多尚处于初期发展阶段，往往缺乏相关的标准，因此描述起来存在一定的困难。

“满足基础需求”与“满足高级需求”的产品和服务，并不一定与“标准化”和“非标准化”绝对对应。很多用于满足安全与生理需求的产品和服务到现在也没有完全实现标准化，但如果相关部门有意愿的话，完全可以对相关的产品和服务进行标准化。

社会需求的逐渐升级与相关产品和服务标准的缺位，使非标准化的产品和服务在相当长的一段时间内还会持续地活跃在人们的生活当中。尽管民间时常会衍生出一些被称为“标配”的非官方标准，但需求的逐渐升级决定了消费者注定不会只满足于那些已形成“标配”的产品和服务，而是会将需求持续地向那些更加个性化、官方与非官方的标准尚未覆盖到的领域延伸。在了解了产品和服务的发展趋势之后，我们来具体关注一下区块链在这些领域的结合方式。区块链并不能直接告诉相关的利益主体，与其进行交易的对象是否值得信任。从目前来看，可参考的选项包括中介平台上的评论，甚至进行排名的中介平台本身等。而这样的平台往往是那些通过较长时间积累，沉淀了一定数量用户的中心化大企业，具有品牌效应与行业权威。

在进行非标准产品的评估方面，中心化平台其实不是一个特别完美的可信任中介。毕竟非标准产品本身有较多的评价维度，而评论者往往也会有自己的主观局限。在这种情况下，尽管区块链技术不能直接对非标准产品和服务是否值得信任给出答案，但人们仍然有必要利用它来提高相关答案的精准率。例如，在评论方面，用户可以通过消费后产生的区块链发票实现“一票一评”，平台则可以确保对产品和服务做出评论的都是真正花过钱的消费者，而不是机器人组成的刷票者；在平台排名方面，通过将点击率和热度实时记录在链上，让那些真正优质的产品能够排在前面，避免平台方面对服务商排名进行故意操纵。这就是区块链技术在“非标准服务”连接不同利益主体方面所能起到的作用。

（三）行业中区块链的结合方式

对于标准型产品，区块链只要简单地告诉人们，对方是否符合相关条件即可；而对于非标准型产品，区块链则需要通过提升评价的真实性来尽可能呈现相关利益主体的本来面目。其中，对于非标准型产品来说，区块链技术发挥效果是要建立在原中介平台拥有流量、汇聚了较多评论与点击率的基础之上。只有这样，谈论评论的真假才有意义，而这样的中介平台往往都隶属于大企业。

1. 标准服务型行业中区块链的结合方式

在标准服务型行业，信息中介所提供的服务相对来说比较同质化，原有信息中介所提供服务的可替代性强。如此一来，中心化中介如果出现纰漏，其服务质量就很容易被其他竞争者赶超。但与中心化中介相比，竞争者很多时候不是差在服务质量，而是差在可信性之上。

当用户担心企业是否能完成时，就有必要利用区块链技术难以篡改的特性，将原本集中于中心化中介的可信性下沉到那些使用了区块链技术的中小型信用中介处，如此才能让这些利益主体获得用户的信任。也就是说，在这个细分领域，区块链技术所起到的作用实际上是弥补了中小型信用中介最短的那块木板，也就是由时间所积累的行业声望；而大型信用中介的短板不在“声望”这一块，因此区块链不能对其产生直接的提升作用。

总之，在标准服务行业，区块链技术更适合被小企业采用，作为弥补其可信性短板的最好工具；大企业由于此前已积累了较多的行业声望，因此区块链技术对其提升效果不明显。

2. 非标准服务型行业中区块链的结合方式

在非标准服务型行业，信息中介提供的服务相对来说不是那么同质化，流量越大的平台由于看待问题的视角更多，因此其所呈现的回答更立体细致。也就是说，这些信息中介提供的服务是由流量所支撑的核心竞争力存在的，其可替代性较弱。所以，这些细分的区块链技术更有可能是以大企业作为自我提升、提高可信度的工具而存在的。

总之，在非标准服务行业，区块链技术更适合被大企业采用，用来提升自身流量与评论的可信程度，小企业由于缺乏作为“信任原材料”的流量，因此采用区块链技术的意义不大。

需要指出一点，上述区块链技术解决方案的落地，前提是现有中心化机构在用户群体中的信任基础出现松动的情况下。如果普通用户对现有的信息中介表示高度的信任，那么，无论小企业借区块链概念创业，还是大企业通过区块链进行自我提升，其推动力都是比较有限的。

对于用户而言，信任中心化机构有时可能只需要良好的产品体验，甚至创始团队的励志故事就可以，而信任去中心化的区块链却需要搞懂背后复杂的技术原理。因此，我们在寻找区块链技术落地的场景时，应尽可能地避开那些产业集中度较高的领域，转而向一些产业集中度较低的领域寻找机遇。因为所谓的“区块链创造信任”，归根结底就是在向用户传达这样一个信息：当某个领域没有任何一个可信任中介值得相信时，你可以选择信赖由多个利益主体进行共管的区块链技术。

第三章　区块链技术在农业中的应用与系统构建

区块链技术上连农业大数据，下连农业智能系统，是推动农业产业革命、加快农业农村现代化的重要工具，在全面提升食品安全层次、提高食品产业链供应链现代化水平和强化农村金融保险服务能力等方面具有广阔发展空间。本章主要内容包括区块链 + 农业的融合信任成本、农业区块链应用的目标与需求、农业区块链的具体应用、区块链技术下农产品可信溯源系统的构建。

第一节　区块链 + 农业的融合信任成本

一、种植户与收货商的信任成本

(一) 种植户与收货商的对接方式

与大多数行业一样，农产品的生产者（种植户）会把他们的产品就地销售给那些拥有更多渠道的收货商，这二者之间的对接方式主要可以分为以下两大类：

1. 产销结合

产销结合模式多见于一些大基地、大企业、大农场，其种植面积较大，而且品种相对较简单，所以更适合进行直接销售。一般而言，这类企业会与批发市场的档口进行合作，甚至直接在批发市场租用档口，自己派员工进行销售，也就是与其他批发商、零售商甚至消费者进行直接对接。

在产销结合模式中，种植户与收货商之间不是独立的利益主体，而是一个利益主体下方的两个部门，彼此的利益分配经常由上级部门进行协调，很少会出现信任成本较高的情况，这里暂时不做重点讨论。

2. 产销分离

产销分离是比较传统的农产品收购方式，也是目前种植户与收货商之间最常见的对接方式。根据价格形成机制的差异，这一大类还可以分为以下三个子类别：

（1）完全现货（产区收货型）。完全现货是指买卖双方的成交价格完全按照市场行情进行，这种对接模式常见于种植品种较集中的农业产区。由于这类地区种植农户较多，而且普遍规模不大，所以可以通过多笔交易形成市场价格。

（2）完全期货（订单生产型）。完全期货是指买卖双方签订中长期协议，采购方设定产品标准，委托种植户种植特定的数量，种植出来的产品按约定的标准及价格回收。目前，一些大型的蔬菜采购企业往往采用这种方式，如麦当劳、肯德基等。

（3）现期结合（包地销售型）。现期结合是指产品成熟前的一个月左右，收货商在对种植户的产量与市场行情形成较准确的综合判断后与种植户进行洽谈，直接约定一个包地价格，达成协议后，包括后期的管理、采收等工作均由收货商负责。由于这种方式兼具现货和期货的优势，它一方面可以保持着平稳的价格，另一方面也不会出现较大的产品质量差异，因此受到不少种植户和收货商的欢迎。

（二）产销分离模式的特点分析

完全现货型对接的优势主要体现在价格上，它可以保证绝大多数成交都物有所值，出现货物质量与成交价格不匹配的情况比较少；缺点则体现在数量上，也就是在完全市场化的情况下，市场上的供需可能会不匹配，从而造成农产品紧缺或过剩。

完全期货型对接则恰恰相反，虽然可以避免出现收不到货或卖不出去，但有可能会造成价格偏高或偏低的情况。例如，在买卖双方已经签订了订单合同的情况下，假如现货价格下降或菜品质量偏低，收货商很可能会付出高于这些产品价值的价格；而如果市场现货价格高涨，则种植户很可能会获得低于市场平均水平的收益。

现期结合虽然融合了上述两种方式的优点，但由于农产品具有受自然条件影响较大的特殊性，目前仅适用于相对能够储存的品种，如大蒜、土豆、红萝卜等。

从行业的角度来看，农产品现期结合的对接方式所产生的行业流通成本相对较低，一方面不易产生较多的库存，另一方面又能以相对合理的价格成交。但是，目前其使用范围主要集中在个别品种当中，难以进行全面推广。

相比之下，现货型对接由于没有保底合同，存在一定的滞销风险，容易产生较高的行业流通成本。因为对于种植户来说，在滞销产品上所付出的额外成本，最后都是要通过销售出去的产品回收回来的。也就是说，在完全现货的对接模式中，农产品的价格会包含滞销或潜在滞销而产生的溢价。

期货型对接从理论上讲可以有效地锁定数量风险，在数量上不易因为信息不对称而出现供需不匹配的情况。与现货型对接相比，期货型对接似乎是一种较理想的销售方式。然而在实际操作中，它的风险却可能比现货型更大。正如前面所提到的，由于农产品受自然条件影响较大，外加当前其流通链条较混乱，种植户与收货商之间的信任基础非常差，经常会出现毁约的情况。如果收货商觉得种植户的产品的真实价值低于早先谈成的价格，很可能会拒绝履约，选择去购买其他种植户的产品；而种植户如果觉得自己的菜品按照市价卖可以获得比合约价更高的价格，则可能会拒绝履约，转而将自己的产品卖给其他收货商。但不管发生哪一种情况，对于买卖双方来说，都意味着上一笔交易的作废，花在这笔交易上的时间、精力以及金钱成本也都成了无用功。但是，这些不必要的成本不会凭空消失，对于这个环节的利益主体来说，他们最后在通过市价来确保自己利益时都会将这些成本计算到价格中。

（三）基于区块链的种植户与收货商智能合约

考虑到期货型对接在目前的种植户与收货商之间仍然是一种被广泛使用的对接模式，利用区块链削减种植户与收货商对接的信任成本，对压缩流通成本会起到很大的作用。因此，可以使买家与卖家基于某底层公链共同设定一个智能合约，同时双方各出一部分定金，锁定在智能合约中。具体数量由双方共同约定，除非双方同时使用密钥，否则智能合约不可单方面篡改。

合约的规则大致如下：

（1）若卖家产品的数量与质量均达标，且买家款项入账，则到达时限后，双方定金各自退回，款项发送至卖家账户处，买家提走货物。

（2）若卖家产品数量与质量有任意一项不达标，且买家款项入账，则到达时限后，双方定金和款项退给买家，卖家定金作为赔偿费。

（3）若卖家产品达标，且买家款项未入账，则到达时限后，双方定金退给卖家，买家定金作为赔偿费。

（4）若卖家产品质量不达标，且买家款项未入账，则到达时限后，双方定金各自退回。

从理论上讲，如果存在定金抵押，基于区块链的智能合约可以有效地约束买卖双方的行为，在让买家及时履约付款的同时也促使卖家产品的质量与数量实现达标水平。但是在现实操作中，这个智能合约存在一个问题——在我国农业信息化与数字化尚未普及的情况下，卖家产品质量的指标属于链下信息，如对生鲜产品的肉眼鉴别等，是很难以可信的状态被量化记录到区块链上的。这样一来，在这个环节，区块链的解决方案实际上只能用来丈量农产品的数量，而非质量。

从这点来看，在这个场景中，区块链在确保买家款项到位方面可以起到较大作用，在确保卖家产品数量到位方面也可以起到一定作用（农产品可能会因为掺水等原因而存在"虚重"情况），而在确保卖家产品质量达标上目前暂时还不能起到太大作用，可能要等到我国农业领域的数字化程度进一步提高之后，区块链才能最大程度地发挥出它的潜力。在种植户与收货商之间，"区块链＋智能合约"的组合可以在特定的情境下起到一定的作用。

二、收货商与代售商的信任成本

（一）收货商与代售商的对接方式

与上一个环节类似，收货商与代售商之间也存在着多种对接方式，具体可分为以下两大类：

1. 收售结合

收售结合是档口由生产基地或收货商自营，自己销售自己收到的农产品。和上一节中的“产销结合”类似，收货商与代售商彼此之间不是独立的利益主体，而是一个利益主体下的两个部门，其利益分配更多的是由上级决定，这里暂时不做重点讨论。

2. 收售分离

收售分离是目前收货商与代售商之间最常见的对接方式，根据合作模式，这一大类还可以分为以下两个子类别：

（1）二级分销。二级分销是指代售商从收货商那里进货，然后自己进行销售，整个过程由代售商自负盈亏。

（2）委托代售。委托代售是指收货商把货发给批发市场的合作代售商，由代售商负责销售并收取代卖费，整个过程由收货商自负盈亏。

在目前的农产品行业中，收货商与代售商之间仍以收售分离的对接方式为主，其原因主要有：第一，批发市场档口资源是有限的，并非想有就能有。尤其是某些交易繁荣的市场，闲置的档口非常难找，即使找到了，费用也比较高。第二，由于农产品具有季节性，很多基地或收货商不是长年都有货供应，绝大部分只有一个生产季节，时间很短，如果自设档口，成本非常高。第三，生产与销售属于不同的分工，各自具备一定的专业性，没有长时间的经验及资源积累，未必能销售出好价格。所以，农业产业链中的收货商和代售商一般都是不同的利益主体。而在收售分离中，由于“委托代售”无须花费大笔资金从上游买入货源，对相关的经营主体来说其盈利模式更像是服务而非贸易，经营风险相对来说较小，因此是农产品行业由来已久的主流对接方式。

（二）收售分离的特点分析

随着近年来互联网技术，尤其是移动互联网的发展，这种传统的农产品对接方式正面临着前所未有的挑战。一方面，代售商依然采取较为“黑箱”的方式来为委托人进行代销售；另一方面，收货商却可以通过互联网从各个渠道获得一些亦真亦假的价格信息。这种旧模式与新技术之间的冲突，很快引起了收货商与代售商之间的信任危机。

从收货商的角度来看，他们如果发现自家产品的成交价低于早先的预期，或者与其他同行存在出入，便会觉得代售商的议价水平有限，导致自己货物的价格被低估，甚至有时候会认为代售商为了牟利，存在虚报成交价的行为。在代售商看来，农产品本身存在质量多元化和行情变化快的特点，收货商如果将不同质量的货物或不同时间段的价格进行对比，本身就失之偏颇。至于虚报价格的行为，收货商的担忧亦是多余的。近年来，代售领域的竞争越来越激烈，档口与人力的费用有所上升，代售商不太可能为了短期的利益而失去长期的客户。所以，他们所担心的恶意虚报价格的情况，实际上并非行业主流行为。

收货商与代售商各执一词，对于双方达成共识并无太多帮助。双方的不信任程度在近年也越来越深，其中最直观的体现有两点：一是在空间维度上，收货商越来越趋向于将自己的货分为几份，在市场找多个档口代卖，以便互相比价；二是在时间纬度上，双方的合作周期逐渐缩短行业发展早期，收货商与代售商之间的合作时间可以达到数年，而现在能够合作一个季度便已经十分理想，有不少买卖方甚至只能以天来计数。在彼此之间迅速透支掉早期的期待与信任之后，双方便会结束合作，寻找新的合作对象。

（三）基于区块链的收货商与代售商场景优化

收货商与代售商之间这种走马灯似的短期合作关系耗费了很多时间与精力——在收货商看来，长期的合作虽然花费的时间与精力成本较低，却会使自己的收益有所下降；短期的合作虽然要不断地寻找伙伴，但至少可以获得相对满意的价格。然而，他们没有意识到，这个最终的成交价格已经无形中包含了农产品因收货商与代售商互不信任而产生的时间与精力成本，在最终抬高了农产品终端价格的同时，也削弱了自身与进口农产品相比的国际竞争力。

在这种情况下，用区块链来削减收货商与代售商之间因为互不信任而产生的无谓的时间和精力成本就显得比较重要。具体的场景优化方案大致如下：

（1）通过预言机等技术设备及手段，将农产品交易市场的称重与支付设备接入区块链中，使其产生的数据信息可以上链。

（2）实现每笔交易格式的标准化，交易进行中农产品的重量以及成交总价都会自动地通过相关设备被记录到各自所处的每笔交易中，进而通过“成

交总价 / 农产品重量”的方式来计算得出每笔交易的单价。这样方便收货商与代售商之间进行价格核对，从而可让代售商证明自己并未虚报价格。

(3) 市场方面可将特定品种的交易价格进行汇总，形成类似于金融市场交易所的价格—时间 K 线图，每笔交易匿名但可回溯，能够查询成交量与成交价。这样一来，可以让收货商看到特定时间的成交价格，避免因为农产品的行情变化过快而对代售商产生议价能力欠佳的疑虑。

在这个场景中，区块链的使用基本解决了收货商和代售商之间的主观不信任问题。在相关规则设置合理的情况下，利用区块链的可追溯特性，收货商可以通过查询单笔交易的成交情况，清楚且实时地了解到代售商在委托销售的过程中究竟有无虚报价格的行为。同时，在客观不信任方面，通过查询整个市场的交易价格变动情况，收货商可以了解到自己所委托的代售商的成交价格与其他同行之间是否存在较大的差距。

但是，正如前面所提到的，与一些同质化程度较高或比较标准化的产品不同（如电力、原油等），农产品的品质是比较多样化的。即使同一个品种的产品，也有可能因为光照、土壤、灌溉等原因而导致质量出现一定的差异，它们的成交价格也将有所不同。如果货主方面无法正确地认识到这一点，那么在发现自己的货物与同类产品在同一时间点出现价格差异时，他们仍然可能会对代售商的议价水平质疑，这一点是区块链所无法弥补的。因为在农产品质量的鉴别上，目前在农产品流通领域还没有特别标准化的指标，也很难以量化的数据状态上链。不过总体而言，在这个环节中，区块链还是起到了比较大的作用。

三、消费者与农业产业链的信任成本

农业产业链中对行业影响最大的信任危机，往往出自消费者与整个农业行业的供应链之间。这一信任危机所带来的成本不会在农产品的终端价格中体现出来，但它却会使消费者认为本土农产品具有较大的风险。即使在价格相同的情况下，很多消费者也会转而选择进口农产品。消费者对农产品的不信任感不是某一个品种在某一个环节的“点”，而是源自很多品种乃至整条产业链的“面”——无论蔬菜、水果、生鲜、鱼肉等横向种类，还是生产、加工、流通、分配等纵向环节，消费者几乎是全面质疑。

对于这些涉及C端用户的种种不信任情况，近年来人们都有所耳闻。在这样的情况下，通过直接把农业数据推送给消费者来获取信任的行业解决方案，实际上只能覆盖农业产业链的一部分环节。而在这一部分环节，目前也存在很大的优化空间。对于消费者来说，他们之所以会选择进口农产品，本质上是因为他们信任这些国家的农业供应链、检验体系以及后续的分配包装流程。这些进口农产品的背后是有产品来源国的农业实力、完善检验甚至商业环境做背书的，这才是消费者能够快速产生信任的标志。如果未来能够实现农业可靠数据的上链，那么与其通过区块链把相关的信息全部推送给消费者，不如把这些数据推送给权威的监管部门，让监管部门对自己的产品进行认证。对于消费者来说，监管部门的认证与背书才能让他们快速看懂相关标志，并且对产品产生一定的信任。

然而，即使数据上链可以规范未来的农业供应链，但这种解决方案仍然是存在疏漏的。因为在最后的人工装配阶段，相关机构与人员仍然会因为缺乏见证者而存在作恶的可能。通过区块链来削减消费者对整条农业产业链的信任成本，仍将任重道远。由于相关工作的复杂性，从上述环节来看，区块链在这个环节的落地可能是最滞后的。

从区块链与农业的结合情况来看，这个领域始终面临着产业链数据难以上链的困境，但农产品的价格敏感性与多样性又要求其生产与流通过程高度透明，这就决定了在可预期的时期内，区块链更多地会在一些小范围的对接环节率先进行一些特定场景的应用。随着农业产业链的数字化改造、农产品质量体系的标准化，甚至整个商业环境诚信程度的提升，区块链在农业中的应用将会逐渐铺开。与其他行业相比，它消耗的时间相对最多，但其给社会带来的潜移默化的影响也将是最大的①。

① 朱晓武，王征，孙航．区块链与实体产业：重新定义数字经济[M]．北京：人民邮电出版社，2019：41-52．

第二节 农业区块链应用的目标与需求

区块链在农业中应用的关键是要在使用区块链技术搭建农业底层信任基础设施的基础上，充分运用区块链的数据不可篡改与去中心化、云中介等技术与性能特征来重构实体农业在互联社会的新型生产关系。

一、农业区块链应用的目标领域

区块链在农业中应用的核心目标是打造品牌农产品与众等、订单或定制农业等新型农业的生产关系，其主要工作是以构成现代农业信任互联网为核心，基于区块链技术建立面向农业行业应用的开放型专门信息技术设施、应用架构与组织运营体系。区块链在现代农业和我国新农村建设中的应用特别需要关注以下三个领域：

第一，区块链在富裕乡村建设中的应用。在富裕乡村建设中，区块链主要应用于农业产业发展中的农产品品牌打造。基于区块链溯源信息、农产品质量认证信息、检验检测数据等的上链，促进农业生产数据、品质数据的透明化，为农产品订单生产、定制生产或众筹生产奠定基础。

第二，区块链在和谐乡村建设中的应用。在和谐乡村建设中，区块链主要应用于农村基层社会治理，特别是农村基层党组织、村民委员会、农村基层经济合作组织等基础组织的治理。基于区块链实现治理信息的公开透明、民主决策与规范化，从而消解农村基层社会治理中因信息不公开、不透明、不规范而导致的社会矛盾。

第三，区块链在美丽乡村建设中的应用。在美丽乡村建设中，区块链主要应用于农村环境数据的监测与多方协同。基于物联网的数据采集与区块链的数据存储，既实现了农村环境数据的多方共享，又实现了农村环境数据的可信历史记录，协助农村环境保护与治理相关各方，如政府、土地业主及环境治理服务方的可持续环境治理与保护。

二、农业区块链应用的特征需求

第一，开放性。农业区块链平台应是一个面向农业领域的全面开放平台，任何农业相关的投资人、互联网技术专家、农业经营组织、政府机关和农产品消费者，都应该可以自己最擅长的方式参与农业区块链平台的技术研发、运营与应用，农业区块链平台的机制、技术、网络与应用均全面开放。

第二，行业性。农业区块链平台应具有明确和界定的应用领域，这个领域就是现代农业。农业区块链平台应围绕现代农业发展所需要构建的“计算可信互联网”，从底层共识网络的建设、运营，中间平台层的研发，到上层应用的孵化、培育、应用推广，开展系统性工作。

第三，混合激励。农业区块链平台应为农业信任互联网的建设、运营与应用的各方参与者，设计可有效激励相关参与方的混合激励机制，通过农业区块链平台算力代币奖励机制，系统激励农业区块链平台的算力中心、应用平台、生产与消费用户、技术创新等各方面的参与者。

第四，生态性。农业区块链平台应着力建设和培育围绕现代农业信任互联网的生态链，在这个开放性的生态体系中，农产品消费者、互联网科研团队、算力提供方、产业投资机构、农业生产经营组织协同合作，各展所能、各取所需，为实现“让农业更美好”的愿景共同努力[①]。

第三节　农业区块链的具体应用

一、农业金融

我国农村地区虽然已经初步形成了“广覆盖、多层次、多元化”的金融服务体系，但依然存在不少问题。在此背景下，以区块链技术为代表的金融科技及其在农村金融领域的应用，为破解我国农村金融难题提供了全新的思路。

近年来，区块链技术及其应用的相关政策不断完善，各级地方政府也纷纷出台政策支持区块链行业的发展。在政府的大力扶持下，区块链技术在我国发展迅速，尤其在金融等领域得到了较为广泛的应用，也为创新农村金

① 赵其刚，周伦理，王黎．区块链＋农业应用：CNG 农业链实务 [M]. 北京：中国农业出版社，2020：165-168.

融发展提供了契机。随着区块链与金融的结合越来越紧密，研究区块链及其应用创新已经成为金融科技战略的重要方向之一。

(一) 区块链技术在农村金融领域的应用现状

1. 区块链 + 支付结算业务

区块链作为一种新型的底层技术，能有效弥补我国现有农村支付结算体系的不足。

首先，运用区块链技术，交易双方可以不通过中间机构，直接进行点对点交易，能够有效缓解地区、市场的分割问题，而且交易和结算可同时进行，能大幅度节约交易时间、降低结算成本。

其次，由于所有步骤均记录在分布式账本中，信息共享但不可篡改，通过联盟链和私有链共同作用，可缓解支付制度的供需不平衡问题，扩大农村金融覆盖面，也可有效保障数据的安全性。

最后，在区块链系统中以时间戳、交易序号为标准，建立查询树，指向特定的区块子集，可简化程序，提高查询效率，避免出错。

我国已有多家金融机构或互联网公司应用区块链技术，致力于农村金融支付结算体系的改进和创新。

2. 区块链 + 票据业务

区块链技术对改善我国农村票据业务具有重要的意义，使用区块链实现数字票据的“点对点”传递，可使偏远地区的金融机构参与数字票据的交易，同时通过数据接口与多方资金平台对接，能有效缓解农村资金供给主体单一的问题；在数据层面，建立分布式总账用以分布式存储和传播票据信息，提升农村票据市场数据信息的安全性和可容错性，使用智能合约控制票据流转的方向和价值的限定，保证每个环节的可监控性和可追溯性，有利于农村票据市场形成统一的市场规则秩序，便于监管和风险防控；在操作层面，设置时间戳记录和回溯信息，应用非对称加密技术尽可能减小价值交换中的摩擦边界，可实现匿名交易，从而在实现数据透明的同时保护隐私。

目前，在我国农村金融市场上，针对面额较小、期限较短的区块链票据的应用也已经落地——贵阳银行与深圳区块链金融服务有限公司合作开发的区块链票链产品，为农村小微企业提供了不限金额、期限的票据融资服务，有效节约了企业和农户的融资费用；浙商银行在数字汇票中应用区块链技术后，客户可直接在移动客户端中签收、签发、转让、买卖、兑付移动数字汇票，最大程度地解决汇票防伪、流通、遗失等问题；中国农业银行与趣链科技合作，运用区块链技术创新数字票据业务，已完成 POC 测试，并在中国农业银行 E 商管家的大量企业中实现试用。

3. 区块链 + 保险业务

保险公司可以运用区块链技术建立一种自证明的模式，即自动验证投保农户的身份信息、信用记录、资产信息、医疗健康记录和各项交易记录，不需要第三方机构的参与。

同时，保险公司可以通过这些精准的农户信息，设计出切合农户需求的产品。通过引入基于区块链技术的智能合约，可将整个保险流程透明化，从而有效遏制骗保事件的发生。从投保到赔付不需要人工干预并且结果准确，这不仅简化了业务手续，还提高了赔付效率，有利于降低农户和保险公司双方的成本。例如，在农业保险中，当投保事件发生时，智能合约可以自动触发索赔过程，投保人可以得到及时高效的保险理赔。通过联盟链对接多家保险公司和销售渠道，搭建农村小额保险的服务网络，完善保险服务机制。

4. 区块链 + 供应链金融业务

区块链技术应用于农村供应链金融，不仅改变了现有的交易模式，还重构了供应链模式的底层基础设施。区块链技术可能是银行突破瓶颈的最佳方案，也为原本融资难的中小企业提供了更多的机会，减少了资金的风险防控成本，节约了时间，降低了操作难度。而且通过搭建联盟链，将供应链中的上下游企业、核心企业与物流仓储、金融机构以及第三方信息服务商连接到供应链金融平台上，共享链上透明可靠的信息，避免了信息不对称问题以及核心企业的逐利行为，提高了流转效率和灵活性。

运用区块链技术可构造集供应链联盟、金融机构及政府监管机构三位一体的供应链信息平台概念模型，构建可信的供应链生态体系。此外，还可以利用智能合约，确保交易程序的数字化，设定自动支付的条件和时间，简化交易流程，从而提高准确性和工作效率。

5. 区块链 + 征信业务

基于区块链技术的去中心化特点可以合理记录并验证个人信息的真实

性、有效性、唯一性，政府、金融机构都应该努力构建一个统一并不断更新完善的“大数据”征信平台，农村经济主体可通过这个平台扩大征信范围，节约征信成本。在该平台上用户信息可查询，一旦有不良的征信记录，则通过智能合约自动记录到黑名单中，终身不可取消，从而保证征信信息的正确性，有效解决农民缺乏信用担保的问题。

同时，金融机构可以通过区块链平台选择部分信息共享，将原始数据保存在内部链中，将用户授权共享的信息上传到公共链上供平台中的机构查询使用，从被动低效地提供数据转变为主动高效地分享数据，实现互惠共赢。

（二）区块链技术在农村金融领域的应用展望

第一，加大区块链技术在农村金融应用中的推广力度。中国人民银行以及银保监会应尽快出台相关规范法规，鼓励、引导农村金融机构研究区块链技术在农村金融领域的应用。省联社应充分利用其资源整合能力强的优势加大研发和推广的力度，引导本省农村商业银行、农村信用社稳步发展区块链金融产品。政府应不断改善农村金融基础设施，加大对包括通信、网络、征信和法制等在内的与区块链应用相关的金融基础设施的建设力度，为区块链技术的应用提供必要的基础条件。相关部门应持续加大农村地区金融科技教育培训力度，普及金融及科技基础知识，提高农民以及基层金融从业者的金融素养，使大家对金融科技有更多的认知，为区块链技术在农村金融业务中的应用创造良好的外部环境。

第二，创新区块链技术在农村金融中的应用场景。一方面，农村金融机构可考虑设立专门的区块链应用工作小组，明确其工作计划、目标和激励约束机制，通过立项的形式研究区块链技术应用问题，深入分析本地区农村金融的需求特性，针对农村金融需求的痛点，将区块链应用与农村金融需求场景结合，创新区块链金融产品，推动“场景 + 金融”的深度融合；另一方面，地方政府可通过税收优惠等方式创造条件，推动高水平科技公司与本地农村金融机构和农业龙头企业的合作。比如利用科技公司的技术优势，对接农村金融机构与龙头企业紧密关联的业务优势，共同研究区块链在农村特定场景中应用的难题，推动区块链技术应用农村金融场景的创新，加大应用的深度。

第三，加强区块链在农村金融中应用的安全保障。首先，国家有关部门需要加大政策规范的调查研究，尽快出台针对区块链技术在农村金融中应用的技术规范和监管办法，推动农村金融机构建立与之相适应的、有效的风险防控体系。其次，地方金融监管部门（尤其是地方金融监督管理局）应与“一行两会”地方派出机构保持良好的沟通，建立紧密的联动机制（如信息共享、定期召开联席会议等），联手加大对区块链技术应用于农村金融中的各种潜在问题和风险的监管和治理力度。在条件成熟的地方可探索引入“监管沙盒”模式，增进监管机构与被监管对象的良性互动，降低未知风险的发生率。农村金融机构在探索应用区块链技术的同时，需要对应用带来的风险进行系统的评估，并对风险防控体系做出必要的适应性调整以增强其风险防控能力。此外，对金融机构的培训、金融消费者的教育以及对地方金融环境的优化也有助于提高区块链技术应用的安全保障水平。

二、农村保险

区块链技术与金融行业的深度融合，为农业保险的进一步发展带来了新的机遇。区块链具有去中心化、去信任化、不可篡改等特征，将区块链技术应用于农村保险领域，可以解决农业保险发展中的信息不对称、经营成本高、运营效率低等诸多问题，为农业保险的创新发展提供技术支持。

（一）区块链技术在农村保险领域的应用优势

由于区块链技术在“助力互助保险、重构信用体系、提高运营效率、提升客户满意度、减少欺诈索赔”等方面有着很高的契合度，所以区块链技术在农村保险领域中，主要有以下五个方面的应用优势：

第一，区块链技术可改造农业互助保险。互助保险是西方国家农业保险的主要形式，其运作模式是，农户和农业经营主体通过预先缴纳风险补偿分摊金，如果其中一个成员提出索赔，则由共同的风险补偿资金池进行赔付。区块链技术为发展农业互助保险提供了新机遇。首先，区块链能够记录互助保险成员的信用信息、交易记录和赔付情况等，能够保证资金的透明性；其次，区块链去信任化的特征可以增强互助保险成员之间的信任感，吸引更多的成员加入；最后，农业互助保险依靠智能合约，能够实现自动赔付，提升相互保险的“理赔效率”。

第二，区块链技术提升农业保险信任体系。信用是农业保险发展的基石，目前我国还没有较为完善的农业生产经营主体信用查询系统，农业保险公司需要耗费巨大的成本来获取农业经营主体的信用信息。此时，区块链技术去信任化和消除信息不对称的应用场景，为农业保险重构信用体系提供了一条新路径。区块链技术依靠公开透明的分布式存储机制，能够将农户和农业经营主体的信用状况、投保数量、标的情况等信息上传至区块链中，减轻保险公司与所有农业经营主体之间的信息不对称。此外，保险公司和农业经营主体均可以登录区块链信息系统查看所有农业保险数据，数据完全公开透明且不可更改，有助于提升农业经营主体与保险公司之间的信任度。

第三，区块链技术强化农业保险中智能合约的应用。农业保险机构以往基本都采用纸质合约，不仅成本高，而且运行效率低。基于区块链技术的智能合约，能够很好地完成这项工作。农业保险采用智能合约技术，在农户和农业经营主体购买保险产品后，智能合约按照既定的合约条款，转化为计算机中相应的代码，如果发生相应的农业风险，相应数据库的风险数据就会触发智能合约的自动执行程序，农户和其他农业经营主体就能快速地获得理赔。农业保险与智能合约相结合，能够实现农业保险从承保到赔付全过程自动化，大大压缩了承保、查勘、赔付的时间，提高农业保险的运行效率。

第四，区块链技术增强农业保险客户的数据安全性。区块链技术具有不可篡改的特点，能够有效地保障数据安全。在农业保险成交后，交易信息一旦被其他节点验证通过，就会被加盖时间戳永久地存储起来，任何单个节点对数据库的修改都是无效的，需要至少掌握全网51%的节点才能够有效修改信息，显然修改信息的成本是巨大的。此外，区块链技术分布式存储为客户提供了全新的购买体验，客户在购买农业保险之后，全网所有的节点都保存着所有的交易信息，即便是部分节点遭受黑客攻击，客户仍可通过其他的节点进行查询，保证了农业保险交易信息的安全，进一步提升客户的满意度。

第五，区块链技术防止农业保险客户的欺诈索赔。区块链技术具有可追溯的特点，为农业保险提供了多种创新应用场景。在养殖业保险中，长期存在“标的唯一性”的难题，存在骗保风险。区块链可溯源的特点可以借助耳标、DNA 等生物识别的手段，构建养殖保险的区块链可溯源体系，破解以往养殖保险中“标的唯一性”的难题。此外，保险公司还可以通过区块链的公有链数据，对有过索赔记录的农户进行识别，提前侦查和防范欺诈行为，降低农业保险经营风险。

（二）区块链技术在农村保险领域的应用模式

（1）保险公司入链。农业保险涉及多个信息主体，多个部门间的信息往往不能有效对接，存在着非常明显的数据孤岛现象。传统农业保险中保险公司和农业经营者之间存在着严重的信息不对称问题，区块链正好可以为化解农业保险困境提供新的机遇。保险公司将相关信息添加到区块链中，同时气象部门、市场机构、供应链企业也加入区块链中，各个机构之间能够实现相关信息数据的共享，进而提高农业保险的运行效率。

（2）农业经营主体投保。农业经营主体在区块链技术的支持下通过互联网，购买符合自身需求的农业保险产品，其相应的信息就会通过区块链技术汇集到相应的平台，区块链数据库能够将农户的相关信息集合存储在区块链中。在农业经营主体缴纳保费购买了农业保险之后，保险公司将保险合同的内容上传到区块链中，通过区块链技术将保单设置成智能合约，农业经营主体可以通过互联网查看相关的保单信息，全网所有节点都能确保农业保单的真实性。

(3) 风险保障阶段。具体来说，种植业保险可以通过 3S 技术（遥感技术、全球定位技术、地理信息技术）逐步应用于种植业保险中，让种植业保险的承保和理赔业务更加精细化和智能化。养殖业保险则通过生物识别技术如 DNA、虹膜、耳标等技术手段实现保险标的唯一性，为养殖户提供农业险，确保农业经营主体的收益。通过区块链技术的延伸应用，农业保险公司能够为农业生产链上各个环节提供相应的保险保障。

(4) 定损理赔阶段。智能合约就是将保险合同编写成相应的计算机代码，当农业保险风险发生时，就会自动进行保险赔付。借助区块链技术定损理赔，减少了传统农业保险理赔中大量的人力投入，这不仅大大地提高了赔付效率，还进一步提高了投保农业经营主体的理赔满意度。同时，自动理赔还能有效减少农业保险中的道德风险，降低保险公司的经营成本。

（三）区块链技术在农村保险领域的应用机制

1. 政府、行业协会、农业保险公司协同机制

（1）政府主导。政府应设立区块链技术研发委员会，明确区块链技术的发展方向、路径和目标，形成完整的农业保险与区块链应用发展蓝图。政府可以搭建技术研究平台，在高校和科研院所成立专业的研究机构，鼓励高校设立相应的区块链教学课程，保障人才供给，促进技术发展。政府应牵头成立区块链产业引导基金，对试点农业保险企业给予资金支持，打造“区块链+农业保险”的示范试点，推进区块链在全国的应用。

（2）行业协会要发挥好引导作用。行业协会应该加强与农业保险公司之间的经验分享、业务交流，并牵头制定区块链在农业保险行业的应用标准、监管建议等，推动区块链技术改革传统的农业保险。同时，行业协会要构建整个农业保险行业的联盟链，打通各个农业保险机构之间的数据壁垒，营造区块链技术在农业保险行业应用的良好环境。

（3）农业保险企业应积极参与行业建设。农业保险企业应按照政府设计的行业发展框架，制定本企业的农业保险智能化发展路径和方法，创新农业保险发展模式。同时，农业保险企业应该积极参与行业协会建立的农业保险行业联盟链，实现非隐私信息公开透明，共同建立和完善农业保险数据库。

2. 区块链技术融合发展的奖惩机制

（1）奖励方面。政府可以对在区块链研究中取得实质性成果的企业，以及积极创新应用区块链技术的农业保险企业进行税收减免、项目补贴和成果奖励，进而有效促进区块链技术在农业保险行业中的应用。政府还可以建立相应的区块链发展基金，对龙头保险公司把区块链技术运用于农业保险中给予资金支持。

（2）惩罚方面。政府应高度重视区块链技术运用中的安全风险，实施弹性问责和处罚机制，对于严重违规应用且带来不良后果的，应给予相应处罚。

3. 区块链技术融合发展的约束监督机制

（1）完善区块链技术领域的专业性监督法律法规，尽快制定农业保险领域区块链运用的条件、准入规则、权限访问设定、数据交换等应用标准，明

确区块链技术应用于农业保险的边界，防止利用其进行违法犯罪活动，确保区块链与农业保险的有效融合发展。

（2）完善对区块链技术的监管体系和预警系统，实施动态监管和数字监管，实现“准入监管”到“行为监管”的转变。

（3）搭建监管机构、行业协会、农业保险公司多方共同参与的监督平台，采取共建、共商、共治的方式防控风险，共同维护好农业保险行业秩序。

4. 区块链技术融合发展的包容性管理机制

（1）建立对区块链技术包容性管理机制，在做好消费者保护和维护金融稳定的前提下，监管的强度随着区块链技术的发展进行适应性的调整，同时也要对区块链技术发展给予一定的包容性，给有价值的区块链技术留下一定的创新空间，使其能够更好地发展。

（2）监管部门要随着区块链技术的发展程度调整相适应的监管强度，避免监管缺位或者监管过度，为区块链技术在农村保险领域的应用发展创造良好的环境。

（四）区块链技术在农村保险领域的应用展望

区块链技术在我国农村保险中的应用已经取得较大进展，但依然任重道远。展望未来，必须正视区块链应用中的现存问题。

1. 政府层面

第一，完善区块链法律法规，制定相应的行业标准。我国应借鉴美国、西欧等国家的立法经验，尽快完善区块链相关的法律法规。同时，我国应尽快参照国际标准，制定我国的区块链行业标准，为区块链在我国的应用和发展奠定良好基础。在保险行业，建议中国银保监会联合农业部门明确区块链技术在农业保险上的发展方向、实施路径以及制度规范。

第二，建立有效监管体系，提升监管水平。我国应尽快将区块链技术纳入已有的信息监管平台，暂时规范区块链技术的发展。同时，随着区块链技术应用的不断深入，有必要成立专门的监管部门，将区块链技术纳入合适的监管框架之内实施全面监管。在未来区块链技术发展中，要做到监管手段与技术发展同步，利用区块链的技术特性进行监管，创新区块链技术的监管模式，在不同的发展阶段有所侧重地进行监管，提高监管效率和服务水平。

第三，加大政府财政支持力度，重点支持大型保险公司。对于区块链技术在农村保险领域的应用发展，一方面，政府应加大农业保险的财政支持力度，可以设立农业保险专项资金，支持农业保险企业发展“区块链＋农业保险”的新模式，加快区块链技术在农村保险领域的应用发展；另一方面，政府应重点支持龙头农业保险公司，建立区块链技术研发专项基金，支持农业保险企业率先进行区块链的应用探索，打造一批成功的示范点，积累经验在全国推广。

2. 保险企业层面

第一，加大区块链研发投入，增强专业人才储备。保险公司应加大研发投入，紧跟区块链技术的国际前沿，做好企业内部自身的技术突破。保险公司应增强人才储备，对于企业内部要挑选有基础、条件好的员工，对他们进行区块链技术的短期培训，增强技术应用能力。保险企业还应加强与高校、科研院所的人才交叉培养，可以由保险公司投入部分资金，高校根据企业需求制定区块链的人才培养方案，为保险公司提供专业人才。

第二，注重区块链场景应用，深化与农业保险业务融合。我国幅员辽阔，农业生产模式区域差异明显，农业保险不尽相同。农业保险公司在区块链技术应用的初期阶段，应选取代表性农业主产区，进行区块链技术在农村保险领域应用的前期探索，在此基础上循序渐进地将成功经验向全国推广。同时，农业保险公司应大胆运用区块链技术创新农业保险产品，深化区块链技术与保险业务的融合，提升农业保险的覆盖面。

第三，做好区块链专利保护，加强保险企业之间的合作。区块链技术在农业保险领域的应用是一种新型的业务模式，相应的区块链技术应用就成为一项保险技术成果和专利。从保险企业角度来看，研发阶段投入了大量的人力、物力和财力，必须及早申请专利和做好知识产权保护。从保险行业层面来看，需要加强保险企业之间的合作，成立专利技术共享联盟，联盟内部可以授权使用彼此的专利技术。在条件合适的时候，整个农业保险行业可以制定相应的行业技术标准和发展规范，树立区块链技术在农业保险行业的标杆，为各家保险公司应用区块链技术创新农业保险产品提供试验示范场景。

三、农业区块链的其他应用

(一) 产品上链

农业区块链平台基于区块链技术、5G技术、农业电商、农技服务、农业检验检测服务，建设农业链公共服务平台，围绕各地农业产业体系构建区域性优势农产品（超级）算力中心，赋能现代农业园区农产品的高质量发展，打造和运营高品质农产品，引领乡村振兴和农业品牌打造。

区块链技术、5G技术、农业电商、农技服务、农业检验检测服务围绕区域“优势产品”“品牌产品”“骨干产品”“保护产品”，以区域产品标准上链为基准，以电商、农技、农业检验检测服务为支撑，以产品数据上链为中心，实现生产商、政府主管部门、服务商、销售商及终端消费者之间基于农业区块链平台的多方可信数据协同，保障区域产品品牌升级与营销拓展。

(二) 农业物联网

农业物联网是现代农业的重要支撑技术，农业物联网通过与农业区块链平台的结合将发挥更大的价值并辟化出丰富多彩的各类去中心化应用。农业区块链平台支持农业物联网有如下应用创新：

第一，农业设备设施的智能控制。基于物联网与农业设备设施的连接，通过在农业区块链上所发布的与农业设备设施相对应的智能合约，实现对农业设备设施的分布式去中心化控制。

第二，农业设备设施的共享使用。通过扫码农业物联网设备，并向控制农业设备设施的智能合约发送合约调用消息及支付相关费用，可以实现农业设备设施所有权、使用权的高效流转和共享利用。

第三，农业采集数据的真实储存。为各类对真实性、可靠性要求极高的农业物联网采集数据的需求者提供高可靠、防篡改、基于智能合约的哈希指纹存储、验证、统计和分析利用，实现数据的可信、不可篡改。

农业区块链平台与农业物联网的结合，本身既是一种应用，同时将为众筹电商、农业资产数字化、农村金融等应用提供基础技术支撑。

（三）农业补贴

在产业经济结构中，农业属于关系国计民生根基的基础性产业，但近年来由于产业竞争的全球化和农业本身的固有特点，农业在中国属于扶持性和补助性行业，向农村农业农民转移支付和补贴是当前的一项重要制度安排。农业补贴当前存在的问题主要是发放中间环节太多，采集数据的准确性、真实性难以保证，补助资金的精准发放难以保证。农业区块链平台通过如下三方面的技术措施来支持农业补贴的高效、便捷和精准实施。

第一，农业数据的精准采集、可靠存储。基于区块链对数据的防篡改特征，确保农业补贴所依据的基础数据的准确可靠，并防止其中可能的数据作假作弊。

第二，去中介补助资金精准发放。在开放互联的农业链网络中，接受补贴的农民或机构均可便捷地获得一个农业链账号，国家主管机构根据所采集的补贴数据，通过国家政策分析计算，直接将补贴资金发放到被补贴人手中，去除大量的中间、中介环节，有效提升补贴实施的效率和防止其间可能的各种腐败。目前，联合国粮农组织通过以太坊向中东地区难民发放救济款已经证明该方法的可行、可靠和高效。

第三，补贴数据的全程透明、可追溯。基于农业链可做到补贴采集数据、补贴发放数据、发放规则的全程透明、可追溯、可监管、可追责，将极大地杜绝其中可能存在的行政风险和廉政风险，有效提升主管部门的行政效率和行政能力。

通过与农业主管部门现有相关系统和平台有效对接，可在农业区块链平台上快捷、方便、灵活、高效地部署，实施相关农业补贴方案。

第四节 区块链技术下农产品可信溯源系统的构建

一、区块链溯源的意义与方法

(一) 区块链溯源的重要意义

产品溯源是指对农产品、药品、工业品等商品的生产、加工、运输、流通、零售等环节的追踪记录，通过产业链上下游的广泛参与来实现。区块链溯源是指通过引入区块链技术，以“技术+模式”的方式建立一套更加成熟的溯源生态体系。

区块链通过加密算法、点对点网络、共识算法等技术体系，为交易双方提供了一种安全、高效、可靠、透明的商业交易模式。区块链技术以特定的方式形成了一种新的去中心化数据记录与存储体系，并给存储数据的区块链打上时间戳使其形成一个连续的、前后关联的信任的数据系统，这种系统的架构与溯源的行业特征天然契合，使得区块链技术更易应用于溯源行业。

第一，区块链能够保证溯源数据的完整性、真实性、连续性。区块链是区块按时间顺序生成、以链的方式组合在一起的分布式账本系统，一旦新区块完成共识并加入区块链上，则记录的数据就再也不能被改变或删除，保证了数据库的完整性和真实性。区块链利用时间戳、共识机制等技术手段，保证了溯源环节上各企业节点上链数据的真实不可篡改。应用了区块链技术的“去中心化分布式记账法”将所有信息公开记录在“公共账本”上，并只能录入无法修改，同时通过复杂的加密算法，使得数据难以被攻击和篡改。

第二，区块链有助于打破多部门、多业务主体之间的信息孤岛。区块链有助于打破供应链上的各个供应商、物流商、生产商、零售商之间的信息壁垒，建立溯源多主体之间的协同业务处理系统。区块链通过自身分布式架构体系以及相应的共识协议、激励机制，把溯源数据存储在每一个参与数据共享的企业节点上，且参与的企业节点都会记录结果并进行验证，这样就构建了一个全网共识、全网监督的共享账本，所有参与方都能够实时访问网络上的数据。利用区块链的共有数据、防篡改、分布式和数字化合约的特点，能够将复杂的业务层面协调问题转化为技术层面的数据流通问题，溯源产品全生命周期上链可以提供信息的全程可查询，有效地解决多部门信息协同的难题，使得商品、物流等溯源数据公开透明，降低沟通协作成本。

第三，区块链公开透明的数据账本有利于政府和消费者进行溯源监管。应用区块链技术构建商品供应链全行业共享账本后，消费者以及第三方机构能够随时监测各个节点数据的传输与流通，保证了存储数据受多方监督，降低了审计和合规性的成本，有利于政府和消费者进行溯源监管，达到责任可究的目标。

第四，区块链能够为传统溯源行业建立多方共识下的用户信任机制。为了实现商品来源可查、去向可追、责任到人的用户需求，越来越多的企业和地方政府都在积极建设和参与商品安全追溯体系。只要将商品追溯信息实时上传到区块链上，每个节点都将不可更改和删除，最大程度地确保溯源信息的真实性和可信度。链上的任何业务流程都需要经过全网参与主体的认证、共识，这样就形成了一个全网监督互信、共同维护治理的溯源系统。数据记录者在每一个区块中都盖上一个时间戳来记账，标志信息的录入时间，而且所有的网络节点都能够获得上链数据，任何人想要篡改都需要再次获得全网共识，这样就形成了一个基于技术的信任体系。区块链溯源可以解决商品在生产、加工、物流、销售等流通过程当中的信息传递和信任问题，有助于建立用户信任机制。

（二）区块链溯源的一般方法

区块链是在无信任的环境下，整个网络中的任意节点建立起共识机制，而无需担心数据被篡改，实现点对点交易、协调与协作。智能合约是构建在区块链的基础上一段自动执行的代码，其自动化和可编程的特性使区块链拥有更加丰富、更加灵活的功能。结合区块链和智能合约的特点，恰好可以解决传统产品溯源的缺陷。

基于区块链的产品溯源方法是每一位商家、消费者使用系统前先注册一个地址，包含该地址的交易中有其他信息。在卖产品的时候卖方需要向系统提供交易信息，消费者在购买产品时先通过二维码在系统中查询产品后方可购买。

1. 注册信息

在系统初始阶段，消费者、流通环节和生产环节的商家产生公私钥对，并用锁定脚本和个人信息向系统注册并认证，其中注册信息包括公司名称、公司地址、公司法人等。注册节点广播注册信息，其他节点接收到消息后先将注册信息放在缓存区，然后执行智能合约。如果消息满足智能合约中的所有条件，则将注册信息打包在区块中等待共识；如果消息不能满足智能合约中的所有条件，将消息从缓存中删除。智能合约中检查注册人提供的信息是否为本人，避免攻击者恶意注册其他人信息。通过注册信息中的可验证信息字段的内容来检查是否为本人。注册信息有三个作用：①让消费者了解该公司是否合法。②当发生产品事故时，可以溯源到责任人。③防止厂商假冒产品。如果检查所有条件都正确，则返回通过；如果检查其中的一个条件不正确，则返回不通过。注册信息的数据结构字段解析如下：

(1) 公司名称：表示公司名称，也可以是消费者的匿名。

(2) 用户类型：有消费者、中间商、厂商，表明该消息所属范围。

(3) 用户类型：表明该消息所属用户类型。

(4) 组织代码：公司组织代码。

(5) 可验证信息：发起注册者或者其他可以证明发起注册者与注册信息同属于一个人的信息。

(6) 公司地址：由用户私钥产生的公钥和个人信息哈希组合再做哈希运算得到，唯一标识区块链中的一条注册信息。

(7) 消息类型：有注册消息、交易消息，表明该消息的类型。

(8) 经营许可：公司经营许可等证书。

(9) 锁定脚本：锁定脚本作为溯源查询时验证产品的拥有者是否真实地指向该注册信息。个人信息可以公开给每一个人，方便消费者或流通环节、生产环节的商家作为参考。当用户发生交易时使用解锁脚本证明用户拥有该注册信息，用来验证交易者是否拥有该信息的权限，这样可以避免攻击者冒用他人信息出售假货。

(10) 公司法人：公司法人姓名，如果是消费者，则表示消费者姓名。

(11) 法人身份证：公司法人身份证，如果是消费者，则表示消费者身份证。

(12) 已售树：每一个公司拥有一棵已售树，用来反仿造产品，每出售一个商品都将它的编号链接到已售树的后面。当查询时，将商品编号作为节点构造一棵二叉树进行查询。

2. 销售产品

(1) 交易信息一的数据结构。如果厂商将产品卖给中间商或消费者，厂商利用中间商或者消费者的公钥哈希值、注册信息地址和注册信息解锁脚本构建交易信息一，并将交易信息一广播给其他节点。其他节点收到交易信息一时，先将交易信息一放在自己的缓存队列中，然后执行智能合约。如果交易信息一满足智能合约中的所有条件，则将交易信息一打包到区块链中等待共识；如果交易信息一不能满足智能合约中的所有条件，则等待下一次共识；如果尝试 n 次共识之后还不能满足智能合约中的所有条件，则节点将该交易信息从缓存队列中删除。将一个交易信息添加到区块中的同时也将对应的商品号信息添加到卖方的“已售树”中。交易信息一的数据结构字段如下：

① 前一个哈希：上一次交易公钥地址。

② 输出索引：上一次交易输出索引（数组下标）。

③ 解锁脚本：私钥签名，用户验证交易信息的所有权。

④ 原料名称：该产品所使用的原料名称。

⑤ 输入索引：本次交易输入数组下标。

⑥ 输出：本次交易输出数组下标。

⑦ 产品编号：卖方卖给买方的产品编号。

⑧ 产品名称：卖方卖给买方的产品名称。

⑨ 脚本锁定：与下一次交易输入的解锁脚本结合证明本次买方拥有该产品。

⑩ 其他产品信息：卖方卖给买方的产品其他信息。

⑪ 其他：本次交易类型下标。

⑫ 用户类型：表明该消息所属的用户类型。

⑬ 消息类型：表明该消息的类型。

⑭ 溯源级数：保留字段。

⑮ 脚本：按照一定要求编写的可执行文件，执行脚本过程中，用户可以进行一系列操作。

⑯ 公司地址：卖方注册信息的唯一标识。

⑰ 解锁脚本：与注册信息的锁定脚本验证公司地址所指向的注册信息是有效的、真实的。

⑱ 下一家公钥地址：买方注册信息的唯一标识。

⑲ 下一家解锁脚本：验证买方所有权。

（2）交易信息二的数据结构。当中间商将商品卖给消费者或者厂商时，中间商利用消费者或厂商的公钥哈希，用注册信息地址和解锁脚本构建交易信息二，并将交易信息二广播给其他节点。交易信息二的数据结构字段解析和交易信息一的数据结构一样，其他节点收到交易信息二时，先将交易信息二放在自己的缓存队列中，然后执行智能合约。如果交易信息二满足智能合约中的所有条件，则将交易信息二打包到区块链中等待共识；如果交易信息二不能满足智能合约中的所有条件，则等待下一次共识；如果尝试 n 次共识之后还不能满足智能合约中的所有条件，则节点将该交易信息从缓存队列中删除。

（3）交易信息三的数据结构。当生产商将商品卖给其他人时，生产商利用其他商家的公钥、注册信息地址和签名脚本构建交易信息三，并将交易信息三广播给其他节点。其他节点收到交易信息三时，先将交易信息三放在自己的缓存队列中，然后执行智能合约。如果交易信息三满足智能合约中的所有条件，则将交易信息三打包到区块链中等待共识；如果交易信息三不能满足智能合约中的所有条件，则等待下一次共识；如果尝试 n 次共识之后还不能满足智能合约中的所有条件，则节点将该交易信息三从缓存队列中删除。

3. 消费者溯源

零售商将产品对应的公钥和解锁脚本、公司注册信息地址和解锁脚本制作成二维码附在产品上。消费者通过扫描产品上的二维码提取产品公钥和解锁脚本，即可验证中间商是否拥有该产品的权限，即该产品的所有权是否属于该中间商。

利用二维码上的公司公钥地址和解锁脚本验证该产品是否属于该公司，如果验证通过则说明该中间商提供的本人信息是真实的，根据二维码上的产品公钥即可在区块链中找到上一次交易信息。因此可以查询上一次的中间商信息，不断溯源就可以找到厂商。根据厂商中的原料即可溯源原料的相关信息。消费者根据二维码上的产品公钥即可在区块链中找到上一次交易信息中的产品编号，并用产品编号查询卖家的已售树。如果能找到这个商品的编号说明此商品是假货；如果找不到，且溯源到厂家的交易信息时，和厂家的交易信息中的商品编号一致，则认为是正品。

上文从交易信息数据结构的设计、交易方式、智能合约探讨了区块链应用于产品溯源的解决方法，每一个交易信息中都含有锁定脚本，它具有授权、证明的作用，从而防止他人假冒使用自己的信息从事非法商业活动。公司锁定脚本的另一个作用是防止商家与商家、商家与消费者之间相互抵赖。厂家或加工厂的每一次交易都有原料记录，一方面保证原料来源的真实性，另一方面可以实现多级溯源。每一个注册信息都含有已售树，每出售一件商品都会往里面添加一个商品的编号，可以保证同一个商品不会出售两次，从而防止假冒产品的出现。基于区块链的产品溯源方法让消费者溯源可信，可多级溯源，商家之间、消费者与商家之间不可抵赖。厂商不可以生产假冒产品，中间商不能出售假冒产品。

二、区块链技术下农产品可信溯源系统的需求与架构

（一）区块链技术下农产品可信溯源系统的需求分析

1. 系统的功能需求

根据农产品产业链中各环节的实际需求，可以将用户划分为消费者、企业和政府三个用户。

（1）消费者。消费者作为整个农产品溯源体系中的最后一个用户，起着至关重要的作用。由于农产品具有“信任性”和“后验性”等特性，农产品的质量安全是否合格的决定权在消费者手上。消费者可以在购买产品前，通过二维码扫描、溯源码查询或通过节点间信息的同步，对产品信息有一个直观的了解，实现农产品信息的公开透明，提升消费者对产品的信任程度。

（2）企业。由于农产品产业链涉及的环节众多，企业不仅要实现农产品全产业链的信息化覆盖，还需要实现全产业链信息正向或逆向追溯。这样就要求产业链的每个环节都要设置相应的管理员，分别为种植、加工、检测、仓储、物流五大环节，每个环节的管理员经过审核后将作为区块链的一个节

点，可以对产品的信息进行采集和存储功能，并且能够与链上其他的节点进行信息的同步。通过各环节信息的流通和传输，将农产品全产业链的信息汇总到区块链溯源系统当中，实现产业链环节的全覆盖和信息的无缝连接，同时企业能够通过产品信息对农产品生产的流程和操作起到规范作用，提高产品的质量安全。

(3) 政府（监管部门）。政府部门的主要作用是监管农产品在生产过程中的质量安全问题，身为区块链溯源中权限最高的节点之一，能够直接查看产品产业链的生产全过程、实时监管链上其他节点操作是否合乎规范以及进行产品检测的抽查，并且在产品出现质量问题时可以进行问题产品的追踪。

2. 系统的非功能需求

(1) 安全性。安全性是区块链农产品溯源系统的首要需求，由于在实际应用中系统录入的产品信息量巨大，若在溯源过程中出现信息不对称、信息被篡改等虚假现象，则会极大地降低企业和政府的公信力。所以在系统的研发过程中，应确保信息在录入过程中不会被篡改，在最后的溯源信息展示中保证产品的可信溯源；同时还要确保整个系统的安全，如网络安全、软件安全、数据备份等。

(2) 高效性。农产品的生产过程中，在例如种植期、采摘期、销售期等某一特殊时期，系统由于信息的自动采集、人工录入或消费者的溯源查询，会进行大量的信息存储和查询操作，为了系统能够正常运行使用，提高系统的存储查询效率，确保系统的高效性就显得尤为重要。

(3) 实用性。系统在设计过程中须考虑产业链各环节用户的使用感受，由于我国大型农业生产企业分布小，参与农业劳动的普遍为受教育程度低的农民，对于计算机以及溯源系统的操作水平有限，因此溯源系统一定要有良好的实用性和用户友好性，方便用户的操作和管理。

(4) 可扩展性。系统的可扩展性也是系统重要的性能需求之一，随着系统的不断发展和进步，溯源系统也会不断地更新迭代，在设计过程中确保系统的代码可扩展性、设计可扩展性，为将来的功能扩展做准备。

(二) 区块链技术下农产品可信溯源系统的总体架构

区块链溯源系统的总体架构主要分为用户层、系统层、数据存储层、智能合约层、数据传输层、物理层六大方面。其中，区块链技术主要用于数据存储层和智能合约层。

在物理层中主要包含物联网传感器和感知、处理和传输模块等，承担数据自动采集与物联网远程控制等功能，用于将环境感知信息、产品信息等通过协议上传到区块中，采集到的信息可以通过设备中的加密技术和完整性验证确保信息的安全性。

数据传输层提供网络数据的传输服务，包含 WLAN、数据网络、蓝牙等方式。其主要目的是实现区块链网络节点之间的信息交互，区块链的本质是一个 P2P（点对点）网络，每一个节点既能够接收信息，也能够发布信息，节点之间通过维护一个共同的区块链来保持通信。在区块链的网络中，每一个节点都可以创造出新的区块，在新区块被创造出来以后会通过广播的形式通知其他的节点，而其他节点则反过来会对这个节点进行验证，当区块链网络中超过半数的用户验证通过以后，这个新的区块就会被添加到主链上了。

智能合约层则根据企业间的商业合同编写，定义了一系列的事务处理流程，包括数据操作模块、资金周转模块、安全预警模块。数据操作模块是对数据的添加、查询等操作；资金交易模块是自动执行企业间事先协商好的资金交易过程，例如供货企业向进货企业提供原料，原料到达后进货企业检测无误会自动支付供货企业货款；安全预警模块，如果区块链系统检测到有非法访问或数据异常，会自动向系统管理员发送警报。

数据存储层中主要指对分布式数据库的操作，系统将数据记录到区块主体的 Merkle 树中后，会对其进行 hash 求值，形成链式结构，在对其进行时间戳的加盖后区块便开始生效，上传到区块链中的数据经过完整性验证后都可以供任何链中的节点用户进行访问。而节点管理是指针对不同类型的链，链中每个节点设置的访问权限不同，权限的设置根据实际的需求来决定。数据存储层中的存储介质分为两部分：普通数据库和区块链系统。非溯源数据存入区块链会占用不必要的系统资源，所以此类数据会被存入各企业自己的数据库中，而关键的溯源数据会上传至区块链系统中安全保存。

系统层、用户层主要是面向用户，而用户分为政府、企业和公众，不同用户所拥有的职能和权限也不同，同时增加数据可视化的方式，提高溯源系统的实用性。

三、区块链技术下农产品可信溯源系统的功能与流程

（一）区块链技术下农产品可信溯源系统的功能模块

区块链技术下的农产品溯源系统划分为登录注册模块、用户审核模块、数据上传模块、信息查询模块等。

（1）用户审核模块。企业的所有用户在第一次使用区块链溯源系统时，需要输入用户姓名、用户名、密码、身份证、手机号等信息。这些信息需要通过区块链上所有节点的验证和共识，达成共识后，一方面系统生成用户的区块链地址；另一方面，用户的个人信息和区块链地址同样会被存储在本地的数据库中进行数据备份。

（2）数据上传模块。当系统中有新的产品信息录入时，数据上传模块会通过共识机制及智能合约，对企业生产者或销售商所提交的产品信息进行上链操作，上链成功后会将数据保存在本地数据库中。

（3）数据查询模块。通过对区块链溯源的查询模型进行的优化，当消费者输入溯源码发起查询后，系统可以在数据缓存中进行查找。若数据缓存中没有该溯源码代表的信息，则调用后台 API，获取该产品信息的 json 文件，并通过数据同步将该信息同步到数据缓存中，同时通过数据解析展示给消费者。

（二）区块链技术下农产品可信溯源系统的业务流程

区块链技术下农产品可信溯源系统可以划分为基地管理、种植管理、检测管理、加工管理、仓储管理、销售管理六个环节，其中每一个环节的管理员都为区块链中的一个节点，当有信息上链时，所有的节点都会收到信息的副本并保存在本地中。政府作为监管部门拥有更高的权限，能够实时监控各个节点的状态。

区块链技术下农产品可信溯源系统通过上述环节的相互关联，实现农产品全产业链的可信溯源。

四、区块链技术下农产品可信溯源系统的环节与数据库

（一）区块链技术下农产品可信溯源系统的环节设置

下面针对传统农产品溯源中的问题，对基于区块链的农产品产业链流程进行方案设计，并从产业链各环节出发分析区块链的应用方式，在信息传递过程中通过区块链共识算法、智能合约等关键技术和软硬件协同配合实现各生产环节中溯源数据的无缝连接。

（1）种植环节。种植（生产）环节的主要节点为农场或企业，节点需要将生产资料和产品信息录入并上传到区块链中，创建初始区块，在此过程中系统调用智能合约实现对节点的认证和信息上链，并通过数据分片的方式实现信息的分布式存储。当产品随着产业链流动进入下一环节即仓储环节时，当前节点会向下一个节点发送交易请求，双方利用密钥对区块进行验证，并根据内嵌在区块链中的智能合约进行交易过程，在全员审核通过后完成交易，仓库便成为新的授权角色。在交易过程中，监管部门作为链中的节点有权对种植信息进行访问及审查，审查合格后以私钥方式签名来认证种植环节合乎规范。

（2）仓储环节。仓储环节的主要节点为仓库（冷库），仓库接受了来自种植环节的产品之后，获得访问和维护产品信息的权限，并且将该环节的特定信息写入区块中，在转移产品的过程中调用智能合约将变更的溯源编码进行更新，这个过程中节点之间通过共识算法进行区块的广播和数据的同步，使得链中的其他节点也可以实现自身区块的信息更新和对该环节区块的访问。

（3）加工环节。作为消费者最关心的环节，在收到来自上一环节的产品后，需要写入加工信息。其中，检验合格信息需要有监管部门参与检验并通过数字签名对产品的合格与否来进行认证，与产品信息一同写入区块中，同时生产资料的供应商作为节点加入链中，防止产品溯源过程中产生断链现象。最后的产品包装过程中，除了必要的包装信息外，还需要为产品生成溯源码或二维码，便于消费者进行产品的溯源查询。

（4）物流环节。物流环节的主要节点为物流公司，在更新产品信息时需要提供物流信息，运输中每个包装上应包含产品的标识，以便于当前节点与

下一节点的对接管理。

（5）销售环节。销售环节的主要节点为超市等销售企业，农产品经过物流环节的运输后，会发往不同地区的销售企业，所以区块中的产品信息须添加当前节点的企业信息；销售企业同样也需要明确产品的来源信息、销售信息等，确保产品信息的完整性。

（6）查询环节。查询环节的主要节点是消费者和监管部门，消费者可以通过扫描所购买产品包装上的一维码和二维码对产品进行溯源，获取产品的相关信息；在查询过程中系统将通过溯源码进行区块链地址查询，查询成功后返回地址，后台接口将该地址的区块信息反馈给消费者，完成逆向溯源的过程。

基于区块链的可信溯源环节保证了溯源系统的去中心化、信息的公开透明和产品的可信溯源。

（二）区块链技术下农产品可信溯源系统的数据库设计

农产品溯源系统数据库的设计必须能够实现农产品全产业链上所有信息流的可靠关联，下面以区块链溯源模型为基础，从产前、产中及产后的各环节出发，设计数据库各个表的结构，通过各环节的连通实现信息的串联，从而确保溯源系统信息的连贯性。

（1）用户信息表。用户信息表用来存储系统人员信息等，包括人员编号、用户名、密码、员工类型、员工身份证号、员工手机号、员工区块链地址等隐私信息。

（2）基地信息表。基地信息表用于存储基地的基本信息，包括基地编号、名称、投入、面积、地址、负责人编号等，该表能够通过基地的信息关联到负责人的信息。

（3）地块信息表。地块信息表用来存储地块的基本信息，包括地块编号、名称、类型、面积、地址、负责人编号等。

（4）种植信息表。种植信息表用来存储产品的种植信息，包括种植编号、产品名称、品种类型、种植负责人编号、生产资料供应商编号、所属地块编号等，与用户表共同关联数据库中的其他表。

（5）农事信息表。农事信息表用于存储产品在生长过程中经历的例如施肥、浇水等农事操作信息，包括种植编号、供应商编号、操作描述等信息。

（6）采摘信息表。采摘信息表用来存储产品成熟后的采摘信息，同时与农事信息表共同关联种植信息表。

（7）检测信息表。检测信息表用于存储产品农残率等检测结果，包括检测时间。检测结果、检测内容和检测负责人，与种植信息表关联，同时备注中也可以选择上传检测报告。

（8）加工信息表。加工信息表用来存储产品所经历的加工步骤和加工原材料等信息，包括加工编号、加工原材料来源、加工内容、加工负责人等，同时与数据库的检测信息表关联。

（9）仓储信息表。仓储信息表用来存储仓库信息或产品的仓储信息等，包括仓库编号、出入库的记录、出入库的时间、仓库负责人等。

（10）销售信息表。销售信息表用于存储产品的销售及最终流向等信息，包括产品溯源码、销售地点、销售负责人等①。

① 吴晓彤．基于区块链的农产品可信溯源系统研究与实现 [D]．泰安：山东农业大学，2020：43-53.

第四章　区块链技术在教育行业中的应用与创新发展

区块链技术作为比特币的底层技术，不仅在金融等领域日益得到广泛应用，在教育领域同样具有较大的应用潜力，有望在互联网＋教育生态的构建上发挥重要作用，推动教育体系变革。本章围绕区块链技术在教育中的应用启示与模式、区块链技术推动教育创新发展的路径、区块链技术下数字化教育资源管理系统展开论述。

第一节　区块链技术在教育中的应用启示与模式

教育领域的区块链主要体现为六大应用模式：建立个体学信大数据、打造智能化教育淘宝平台、开发学位证书系统、构建开放教育资源新生态、实现网络学习社区“自组织”运行以及开发去中心化教育系统。当然，由于教育领域自身的独特性和复杂性，区块链技术的应用也面临教育应用推广运行难、教育数据产权模糊、数据存储空间有限以及区块链技术自身安全隐患所引起的师生隐私保护风险等诸多挑战。

区块链技术的应用正在为金融领域带来颠覆性变革，创造新的商业契机。通过研究区块链技术在金融领域的应用模式，发现其对金融领域创新与发展的价值主要体现在剔除中间交易平台，降低交易成本；实现实时交易结算，提高交易效率和资产利用率；分布式存储交易数据，不可篡改和高安全性；基于智能合约，实现交易流程的自动化运行。区块链技术在金融领域的应用场景与模式，为其在教育领域的应用提供了启示。

一、区块链技术在教育领域的应用启示

第一，加强知识产权保护，搭建教育信任体系。数字货币的可追溯性可以降低银行在反洗钱、反欺诈等合规验证和审计方面的费用支出，有效控制偷税漏税、洗钱等违法行为的发生。在教育领域，可以利用区块链技术的可追溯性，实现对教育资产与智力成果的版权保护，从源头上解决知识产权纠纷问题。此外，数字货币存储在区块链上具有较高的安全性与可靠性，在教育领域可以将学生成绩、个人档案以及学历证书等重要信息存放在区块链上，防止信息丢失或被恶意篡改，构建安全、可信、不可篡改的学生信用体系，助力解决当前学生信用缺失以及全球学历造假等问题。

第二，优化教育业务流程，实现高效、低廉的教育资源交易。在跨境支付方面，区块链利用去中心化特性摒弃中转银行角色，实现点到点快速且低成本的跨境支付。在教育资源共享方面，利用分布式账本技术实现用户与资源间的直接联系，能够简化操作流程，提高资源共享效率，以此来促进教育资源的开放共享，解决资源孤岛问题。在教育资源交易方面，利用去中心化特性剔除交易中介平台，实现消费者与资源的点对点对接，从而减少费用支出，简化操作流程，打造高效、低廉的教育资源交易平台。

第三，利用去中心化特性构建去中心化教育系统。区块链技术应用于供应链金融业务，通过剔除中间交易机构，减少人为介入，从而降低成本及操作风险。将信用证与提货单号及国际贸易流程的文件放在公链上，通过公链进行认证与不可篡改验证，建立完全透明的“游戏规则”，实现验证规则的去中心化。在教育领域，区块链可以用来开发去中心化教育系统，打破传统教育服务被学校或政府机构垄断的局面，使得任何具有教育资质的机构均可以开展教育服务并颁发有效的学历证书，实现正规教育与非正规教育的有效融合，推动全民参与教育体系的变革。

第四，分布式存储与记录可信学习数据，实现校企之间高效对接。区块链技术让证券交易市场变得更加公开、透明、绿色、公平和高效，使原本高度依赖中介机构的传统模式变为分散的平面网络交易模式，实现数据的分布式存储与记录。在教育领域，学生的个人信息、学习成绩、成长记录等内容都可采用类似的存储记录方式，分布式存储在教育系统中，在保证信息真

实安全的基础上，可以向其他学校或招聘单位共享数据内容，作为学生求职面试的重要依据。利用分布式账本技术向用人单位展示自己的学业成绩与专业技能，搭建学生与企业交流的桥梁，建立校企合作新模式，以此实现学生与用人单位的高效对接。

第五，开发教育智能合约，构建网络资源及平台运行新模式。区块链中的智能合约技术能将当前金融交易过程中大量的人工及半人工验证和管理工作实现自动化运行，提升交易系统的智能性。在开放教育资源建设方面，利用智能合约的透明、自动执行等特性，可以实现资源上传、认证、流转、共享等工作的自动化执行，降低资源共享成本，提高资源共享效率，构建网络资源流转新形态。此外，利用智能合约可以建设高效、智能的网络学习社区，实现学习社区的“自组织”运行，并实时监控社区生态环境，自动屏蔽删除不当言论，营造积极向上的社区氛围。

二、区块链技术在教育领域的应用模式

区块链系统的透明化、数据不可篡改等特征，完全适用于学生征信管理、升学就业、学术、资质证明、产学合作等方面，对教育就业的健康发展具有重要的价值。当前国内外区块链技术的教育应用正处于萌芽状态，少数教育机构开展了积极的探索。互联网＋教育是全球教育发展与变革的大趋势，其宗旨是应用互联网思维、技术和模式改造传统教育生态，实现教育系统的结构性变革。区块链技术有望在互联网＋教育生态的构建上发挥重要作用，其教育应用价值与思路主要体现在六大方面：建立个体学信大数据、打造智能化教育淘宝平台、开发学位证书系统、构建开放教育资源新生态、实现网络学习社区的“自组织”运行以及开发去中心化的教育系统。区块链技术有助于推动教育体系变革，加速教育系统进化发展。

(一) 建立个体学信大数据，构建产学合作桥梁

区块链技术在教育领域可以用作分布式学习记录与存储系统，允许任何教育机构和学习组织跨系统和跨平台地记录学习行为和学习结果，并将这些结果永久保存在云服务器上，形成个体学信大数据，有助于解决当前教育领域存在的信用体系缺失和教育就业中学校与企业相脱离等实际问题。用人

单位招聘时，可以通过合法渠道合理获取学生的任何学习证据数据，用于精确评估应聘者与待招岗位间的匹配度。此外，学信大数据还是高校开展人才培养质量评估以及专业评估的重要依据，有助于实现学生技能与社会用人需求无缝衔接，有效地促进学校和企业在人才培养上的高效精准合作。

未来教育研究所（IFTF）和美国大学入学考试（ACT）基金会提出的“学习即赚钱计划”，其中心思想源于Edublocks概念，类似于当前用来记录和评估学生学习的“学分”。除了跟踪学术学习活动外，Edublocks还可以测量和记录非正式学习，如培训活动、学校比赛、研究演示、实习经历、社区服务等，一连串的Edublocks形成一个分布式账本或电子公文包，让学生在任何时间、任何地点都能获得所发生的学习信用。学术顾问将专注于帮助学生在其电子信息数据库中获得最多的“收入”。毕业时形成的个人电子信息数据库，包含“赚取”的各种技能，即学生在学习期间获得的所有Edublocks，将作为学生求职面试时的简历，也将成为招聘单位选拔人才的重要参考依据。

发达的区块链底层架构系统将促进学术进展记录，可将区块链技术作为一个去中心化且很安全的系统来加密传输学生数据。特别是与考试相关的学生学业水平的统计与测量数据，依托区块链技术设计全新、安全的基础设施系统，不仅能在网络上安全共享，还能永久安全地存储在云服务器中，随时供查询、获取，为学业水平的测评和记录方式开拓新的可能，打造未来教育新平台。该平台允许学生转移数据信息，可以将自己的成绩单传送给心仪企业的老板，为学生求职面试和企业招聘均提供了极具说服力的材料。

（二）打造智能化教育淘宝平台

通过嵌入智能合约，区块链技术可以完成教育契约和存证，构建虚拟经济教育智能交易系统。该系统中各种服务的购买、使用、支付等工作全部由系统自动完成，无需人工操作，同时购买记录无法篡改、真实有效，所有的交易和合约数据都将被永久保存。消费者在该平台发出购买信息后，系统会根据智能合约的运行规则自动将对应的学习资料发送给消费者，该资料的物流信息也将被智能合约追踪，当消费者确认收到学习资料时系统自动完成支付，无需手动付款。此外，该交易平台还提供在线学业辅导和工具下载等服务，学习者可根据学习需求选择恰当的学习服务，包括一对一在线辅导、知识点精讲微课、难点习题讲授等，所有资源和服务均可依据学习者的个性需求实现自主消费。

基于区块链技术的智能化教育，淘宝平台与其他交易平台相比具有独特的优势。

第一，智能合约程序记录在区块链上，具备公开、透明、不可篡改等特性，可以保证交易信息的真实有效，杜绝欺诈行为的发生。

第二，智能合约程序可以控制区块链资产，能够存储并转移数字货币和学习资料，学习者购买资料和服务等交易信息可随时被追踪查询并被永久保存，从而为保障商家和消费者权益提供强大的技术支撑和过程性证据。

第三，智能合约程序由区块链自动执行，人工无法干预、篡改，一方面能够提高平台交易效率，满足消费者对知识获取实时性的需求，另一方面能够保证交易平台的可靠性与稳定性，防止交易平台出现系统性崩溃现象。

第四，智能交易无需类似支付宝的第三方支付平台，可以实现学习者与培训机构、学习者与教师、机构与机构之间的点对点交易，既能节省中介平台的运营与维护费用，又能提供有质量保证的在线学习服务。

(三) 开发学位证书系统

麻省理工学院的媒体实验室应用区块链技术研发了学习证书平台。证书颁发的工作原理包括：首先，使用区块链和强加密的方式，创建一个可以控制完整成就和成绩记录的认证基础设施，包含证书基本信息的数字文件，如收件人姓名、发行方名字、发行日期等内容；其次，使用私钥加密并对证书进行签名；再次，创建一个哈希值，用来验证证书内容是否被篡改；最后，使用私钥在区块链上创建一个记录，证明该证书在某个时间颁发给了谁。在实际应用中，上述工作虽然能一键操作完成，但是由于区块链自身透明化的特性所带来的一系列隐私问题，目前该软件系统仍在不断完善中。①

霍伯顿学校是一所软件工程师培训学校，也是世界上首个使用区块链技术记录学历信息的学校，它从 2017 年开始将学历证书信息在区块链上共

① 张雷，过晓星，张春霞，等．区块链技术导论和开发指南 [M]. 北京：科学出版社，2019：141-148.

享，这一做法受到众多招聘公司的赞赏。利用区块链去中心化的、可验证的、防篡改的存储系统，将学历证书存放在区块链数据库中，能够保证学历证书和文凭的真实性，使得学历验证更加有效、安全和简单，同时能节省人工颁发证书和检阅学历资料的时间和人力成本，以及学校搭建运营数据库的费用，这将成为解决学历文凭和证书造假的完美方案。

另外，其他国家也开始行动起来，例如，肯尼亚政府强烈意识到学历造假给国家教育乃至社会经济带来的严重影响，为了严厉打击造假文凭的非法行为，目前正在和 IBM 密切合作尝试建立一个基于区块链的学历证书网络发布与管理平台，让所有学校、培训机构等都可以在区块链网络上发布学历证书，实现学历证书的透明生产、传递和查验。

（四）构建开放教育资源新生态

近年来，开放教育资源 (Open Educational Resources，OER) 蓬勃发展，为全世界的教育者和受教育者提供了大量免费、开放的数字资源，但同时也面临版权保护弱、运营成本高、资源共享难、资源质量低等诸多现实难题，如何构建安全、高效、可信的开放教育资源新生态，成为当前国际 OER 领域发展的新方向。区块链技术有望成为解决上述难题的“利器”，推动 OER 向更高层次发展。

第一，应用区块链技术加强资源版权保护。基于非对称加密算法保护的版权信息的安全性与可靠性更高，同时鉴于区块链公开透明的特点，任何资源的创建信息都可以被使用者查询、追踪、获取，进而有助于从源头上解决版权归属问题。资源上传者可将 OER 的版权信息和交易信息记录在区块链上，包括资源创建者、创建时间、资源类型等。因此，任何教育资源的创建和更新可随时被追踪和查询，并被有效证明。

第二，应用区块链技术降低 OER 运营成本。将区块链技术的去中心化应用到 OER 建设中可节省大量中介成本。用户与用户间可直接通过点对点的传播方式进行资源共享，从而减少在大量中介平台上研发与管理维护的投入，改变 OER 运行机制，有效降低 OER 运营成本。

第三，应用区块链技术促进资源共享。利用区块链的分布式账本技术，将教育资源分布式存放在不同的区块中，通过点对点的传播方式，所有节点将通过特定的、达成共识的软件协议直接共享学习课件和工具软件等资源，既有助于提高共享效率，又可以解决资源孤岛问题。未来，借鉴金融领域的跨境支付业务，全球用户都将实现无障碍的点对点资源共享与实时交易，形成全球无缝流动的超大规模信息资源开放共享网络。

第四，应用区块链技术提高资源质量。具体步骤包括：资源创建者将资源上传云端平台；利用非对称加密算法使用公钥和私钥对教育资源进行分别加密，并将加密后的内容存放在区块中；将承载教育资源的区块广播到全网并等待认证；超过 51% 的节点达成共识后通过认证，承载资源的区块加盖时间戳并在网络中以 P2P 的模式流通。资源认证机制中的认证、流转、共享等环节均由区块链底层内置的智能合约自动完成，全过程公开透明、不可篡改，各个节点上的资源用户共同认证新上传资源的应用价值。基于区块链技术的 OER 网络认证机制可以杜绝重复、无效、低质量资源的产生，能有效提升资源质量和资源流通效率。

(五) 实现网络学习社区的“自组织”运行

区块链与在线社区的结合，也是区块链技术在教育领域很有前景的应用方向。区块链技术可以优化和重塑网络学习社区生态，实现社区的真正“自组织”运行，其应用主要体现在以下三方面：

第一，使用虚拟币提高社区成员参与度，形成社区智慧流转体系。应用区块链技术建立社区虚拟币产生与流通机制，学生可通过发帖、提问、回答等行为的发生自动赚取虚拟币，并可利用虚拟币购买社区学习资料与服务，从而激发社区成员的参与度，形成以虚拟币作为核心激励机制与衡量社区贡献度重要指标的集体智慧生成与流转生态。

第二，保护社区成员智力成果，生成观点进化网络。利用区块链的可追溯性，能对社区成员发表的帖子和观点自动追踪、查询、获取，从源头上保护社区成员的智力成果，防止知识成果被抄袭，从而有利于创新性、原创性观点的迸发。此外，依托分布式账本技术，将发表的观点分布存储在网络中，根据各个观点之间的语义联系生成可视化的知识网络图。随着观点的不断生成与进化发展，社区将聚小智为大智，形成具备无限扩展能力的群体智慧网络。

第三，净化社区生态环境，实现社区成员信誉度认证。智能合约保证网络社区的自动运行，发帖、提问、回答等内容将自动推送到社区平台，根据预先定义好的规则程序对社区论坛进行自动化监控，对于歪曲客观事实或具有误导性的谣言信息自动屏蔽删除，以达到净化社区生态的目的。同时，可根据社区成员发帖内容与次数对成员信誉进行认证，信誉度认证较高的社区成员可享有社区特权，如多次下载学习资料或发言无限制次数等，以此鼓励积极向上的发言，从而营造健康向上的社区氛围。

除了促进社区的自组织运行外，区块链技术还可以在增强社区学习的适应性方面发挥作用。目前，国内的教学机构已经应用区块链技术，创建了可以为每个孩子提供定制学习服务、以项目为导向的自适应学习社区——极客豆学院。在创新学习正式开始前，极客豆学院的教师通过与学生聊天勾画出详细的学习者档案。教师通过向学生提问数学、语言等方面的问题，了解学生自身的性格癖好、学习方式、强项和弱点等个性特征。基于学习者的档案信息，极客豆学院可以为每个孩子确定全年的学习目标并细化为每周都会更新的游戏清单，学生可每天在清单上挑选不同的项目学习，从而实现个性成长。

（六）开发去中心化教育系统，推动教育公平

当前教育系统的高度中心化和集权化主要体现在教育体制的中心化上。教育体制是教育机构和教育规范两个要素的结合体，其中教育机构是载体，包括实施机构和管理机构；教育规范是核心，即维护机构正常运转的制度。现阶段的教育体系仍以正规教育为主导，由政府机构或学校提供教育服务并进行认证，个人对某一特定学科的精通程度，仍需由受认可的大学颁发文凭或证书来证明，导致教育的管理权被学校和政府所垄断。

利用区块链技术开发去中心化教育系统，有助于打破教育权利被学校或政府机构垄断的局面，使教育走向全面开放，形成全民参与、协同建设的一体化教育系统。未来，除了政府机构批准的学校、培训单位等教育机构具有提供教育服务的资质外，将有更多的机构，甚至个体承担专业教育服务提供商的角色，并且基于区块链的开源、透明、不可篡改等特性能保证其教育过程与结果的真实可信。例如，一些企业、社区或其他组织均可提供教育服

务并进行认证，其颁发的证书将与传统高校颁发的证书一样可在全网流通，并可有效证明学生是否掌握了某一知识技能。校际边界也将逐步模糊，学习者可以自主选择在任何学习中心或培训机构学习某门课程，获得具有同等效力的课程证书，有效证明自己在某一领域的专业知识和技能。多门课程证书的获得以及学分的积累，将使学生有资格申请获得国家以及国际教育组织认定的学历学位证书。

第二节　区块链技术推动教育创新发展的路径

从目前的实际情况来看，运用区块链技术可以在高等教育领域完成以下应用：

第一，构建智能的教务管理系统。在现有的教育机构中，课程任课教师和学生辅导员都要对学生进行考评，尤其是任课教师，需要提供大量的学习资料加以佐证。传统的教务管理系统，因开发公司针对的是大多数高校，因此教师用起来比较烦琐和滞后，这就使得办公效率非常低。针对这种情况，相关人员可以利用区块链解决这一问题，可以将教师教学和教务事宜分开进行，一方面可以针对教师和学生建立单独的区块链，任课教师针对学生的课堂表现加以记录，另一方面建立教师与辅导员的区块链，方便辅导员关注学生的学习状况。

第二，高效利用教育资源。由于我国地域的特点，致使南北、东西教育资源严重不均，这就限制了高等教育资源的有效利用。传统的做法是各个高校将自己的资源转化为电子资源，实现共享，但是这样周期长，信息不准确，共享的效果也很差。区块链技术改变了传统的资源共享方式，通过采用点对点的数据存储，使得每位教师都可以充分利用自己的区块上传教学数据材料，并通过共识性验证其信息的可靠性，同时使所有信息实现同步共享。这样做，学生可以用最快的速度和最简洁的方式查询到相关数据资料，节省了时间，提高了效率，达到了均衡教育资源的目的。

第三，区块链技术可以保护版权。区块链技术独有的共识性和可追溯性使得每次记录信息都经过验证并按顺序添加，这种独有的特性可以保护著作权。每一项提交的著作在作为信息被记录到区块链时，都会自动生成时间点，确保信息的准确性，并且会通过特有的电子签名技术保护，这样记录的信息即使该著作被不断地转载、引用，仍然可以通过区块链技术找到原著作信息，保护了原著权益。

一、推动技术创新，夯实创新发展基础

当今社会，任何发展都离不开创新，同样，高等教育要想发展一样离不开强大的技术创新能力，而区块链技术就能更好地推动高等教育的发展。在区块链应用比较广泛的金融、能源、医疗等领域的经验表明，加大该技术的研究开发投入力度，加快技术创新，抢占创新发展的制高点最关键的是核心技术。鉴于此，我国教育领域尤其是高等教育领域应尽快投入专项资金，组建专业的研究团队，加快启动与企业的合作，支持高校建设研究中心；与此同时，还要积极整合社会各个层面的资源，尤其是区块链技术运用得比较成熟的各个领域的资源，构建共享信息平台，打通共享渠道，促进区块链成果的积极广泛应用。

二、优化发展环境，注重专业人才培养

现在正处于高速发展的教育信息化时代，智力资本比以往任何时刻都更受青睐。所以，要想让区块链技术更好地应用于高等教育信息化，最重要的就是优化发展环境，注重相关专业人才的培养。各级政府部门更应该厘清现今情况，积极利用大数据、区块链等技术，根据各地区高等教育信息化的发展方向及相关地区的人才需求情况，加大相应专业人才的培养力度，尽快占据区块链前沿人才资源优势。通过加强企业与高校以及科研机构的合作，鼓励高等院校多开设相关数据分析、数据挖掘应用、数据统计等课程，确保毕业生获得必备的专业知识和技能，帮助在校学生有针对性地提升职业技能。

三、完善鼓励政策，加大财政扶持力度

区块链技术在教育领域尤其是高等教育领域的应用直接决定了未来高

等教育的发展质量和竞争力度，因此，政府应该出台相应的鼓励政策，加大财政扶植力度。各级政府的主管部门也应该借鉴发达国家和地区区块链技术应用的比较成熟的先进做法，结合我国各领域的实际情况和应用程度，及时出台相应区块链技术扶持政策，比如教育领域的“双创”平台建设、重点技术的攻关、方案研发及服务平台建设等。除此之外，政府还应鼓励并大力支持校企合作，设立投资基金，推动关键技术的攻关和大力应用。①

从目前情况来看，区块链技术在教育领域尤其是高等教育领域应用缺少成形的系统，没有完整的案例教学及可供参考的学术文章，这与应用比较广泛的金融、能源、医疗领域相比还是比较欠缺的。在这种情况下，针对现阶段的应用现状提出并实施创新的路径研究是十分必要的。但是因为教育领域具有的特有性质，区块链技术在实施应用起来也可能会面临一系列的挑战，诸如数据的存储空间、数据产权的确定、推广运行难度等。

第三节 区块链技术下数字化教育资源管理系统分析

一、数字化教育资源管理系统目标与原则

（一）数字化教育资源管理系统目标

第一，构建一个基于区块链技术可存储各用户操作记录和资源信息的数据管理系统。在传输及存储过程中，利用非对称加密技术对数据进行加密处理，数据记录存储到区块链数据结构中，实现数据易追溯、难篡改。

第二，在数字化教育资源管理系统中各数据可以实现在用户中实时更新共享。通过分布式账本技术，用户在系统中对资源的操作可以实现更新共享。

第三，实现数字化教育资源工作全流程的数据自治。相较于传统数据管理系统的数据提交审核方式，基于区块链技术构建的数字化教育资源数据

① 宋薇．基于区块链技术助推高等教育创新发展的应用价值研究 [J]. 北华航天工业学院学报，2021，31(04)：45-47.

管理系统能实现数据提交、数据共识、数据上链的数据自治方式。系统通过共识机制，在全网节点参与的情况下实现数据上链，提高各参与方的积极性从而提升共享效率。

(二) 数字化教育资源管理系统原则

第一，安全性原则。在进行数字化教育资源管理系统的设计过程中，形成安全的隐私保护是所有的系统开发应该考虑的首要问题。在本系统中可以利用区块链技术的相关特性对系统用户的基本信息和资源进行加密保护，同时利用权限区分不同的用户，使用户层次分明。

第二，可扩展性原则。随着业务量的持续增长，系统的功能要求也会随着时间而产生变化。后期系统升级会带来不同程度的压力，为了减少压力应在软件开发设计阶段就考虑系统的可伸缩性。

第三，简单易用性原则。数字化教育资源管理系统的服务对象是多元化的，可能是小学生，也可能是企业员工，不同用户对计算机的认知程度和操作熟练度是不同的，因此关注到不同用户的水平设计简单、易用的系统才能让广大用户接受，实现系统的推广和大范围使用。因此对系统功能的要求和界面设计的时候要简单易懂，界面应该清晰美观。

二、数字化教育资源管理系统设计架构

(一) 网络架构设计

数字化教育资源管理系统采用区块链的一种类型，即联盟链的形式，结合 Fabric 的技术架构，设计基于区块链技术构建的数字化教育资源管理系统的网络架构如图 4-1[①] 所示，系统设计采用“本地数据库 +Fabric”的形式。目前，区块链应用平台还处于探索阶段，考虑到数字化教育资源的特性及区块链存储容量的有限性，故将数字化资源的数据仍然保存于用户本地数据库，只是将用户操作数据记录和数字化资源的相关信息以时间顺序存储于区块链中。

---

① 杨雅都 . 基于区块链技术的数字化教育资源管理系统架构研究 [D]. 无锡：江南大学，2021：29-62.

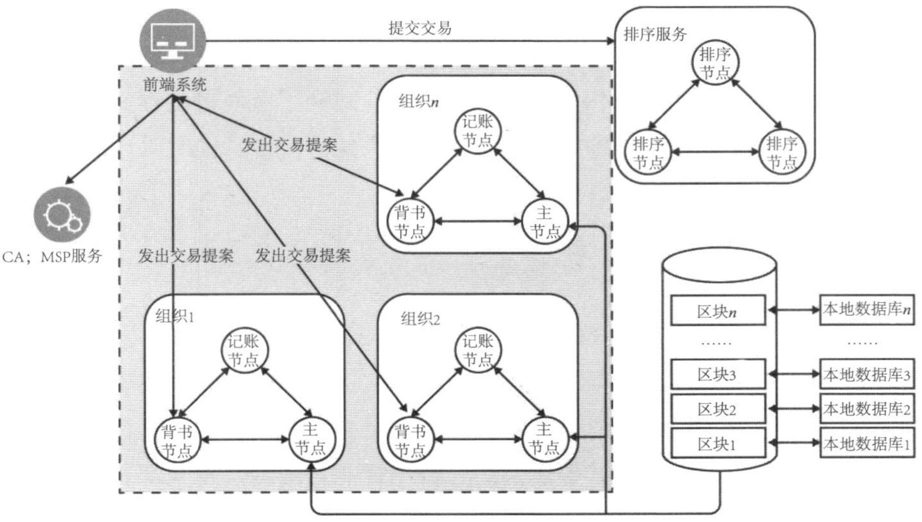

图 4–1　网络架构图

数字化教育资源管理系统主要包含三类用户：管理员、资源提供者和资源使用者，其中管理员分为区块管理员和学科管理员。首先，每个用户在系统中充当节点的角色，根据用户学科种类的不同，在设计时把不同学科类别的用户归纳在不同的组织中，拥有多种学科属性的用户可以加入多个不同的组织；其次，数字化教育资源管理系统的三类用户工作都是围绕着数字化资源管理的相关业务进行，因此参与此系统的多个学科分类组织就会设置其共同加入同一个系统通道内，一起实现维护账本稳定的作用；最后，这个数字化教育资源联盟的区块链网络就是由多个学科组织和组成他们多个资源用户节点共同加入一个通道的来组成，并且每个加入其中的用户节点都是信息的记录者。学科组织中的用户节点有记账、背书和通信三种角色。

数字教育资源联盟链底层的网络节点主要由 Order 节点、区块链和组织内部节点构成。记账节点也就是数字化教育资源管理系统的注册用户，在网络中负责验证区块交易并记账，维护状态数据和账本副本。在智能合约实例化的时候，每个学科组织中的记账节点会根据系统中交易提案的不同，根据相关的背书策略的要求动态所充当的背书节点角色，负责接收来自前端系统发起的交易背书请求，模拟执行交易提案并对执行结果进行签名背书。主节点主要与排序服务节点通信，并用来充当接收排序服务广播的新区块的角色，在该系统内主节点可由学科负责人担任这样的角色。

采用“数据库 +Fabric”的硬件架构形式搭建数据管理系统，可以将数字化教育资源实体和资源相关操作割裂开来，减轻了区块链的存储负担，保证了数据存储的安全性，提高了数据在传输中的可信度；同时采用分布式存储结构，使资源数据可以有效共享。

（二）总体技术架构

数字化教育资源管理系统设计是在 Hyperledger Fabric 的框架上进行区块链应用系统的开发，数据层中以区块链形式保存了用户在系统中的操作数据，只需设计好区块中需要存储的数据项以及标准规范，即可进行数据的保存以及维护。在合约层设计智能合约，调用智能合约的开发及部署，用于对不同用户角色进行权限管理。通过数据层、合约层的开发，结合资源管理工作的实际需求，可以实现数字化教育资源上传、下载、更新、查询等工作环节的数据流通。数字化教育资源管理系统的总体框架设计中，分为用户层、应用层、合约层、数据层以及基础层，对每层设计进行如下论述：

第一，用户层。用户层主要是客户端，平台面向的用户包括数字化教育资源的提供者、使用者以及管理员等，每种用户角色有自己特定的权限，仅能在规定范围内对系统进行操作。

第二，应用层。应用层主要是根据在系统内不同用户的个性需求，设计可以为其提供各种服务的功能，这些功能可以满足不同用户的个性化需求。例如，通过对数字教育资源管理的功能进行模块化划分，用户管理和资源管理模块就可以分别承担有一定的职责，在系统规定的业务范围内对相关业务进行封装。在系统中的用户不需要关心系统功能是如何实现的，只需要关注操作的界面来完成其操作即可。应用程序层包含了提供给多元用户的实际可操控的功能页面，用户可以通过在客户端或移动应用程序执行诸如用户注册、信息注册、资源交易和各种信息查询之类的功能操作。

第三，合约层。合约主要管理各种数据及网络服务，使其能够有序实现，并确保系统高效运行。合约层作为数据层和应用层之间的中间层，向上为应用层提供各种 RESTAPI，向下利用 Node SDK 与区块链网络进行交互，将应用层的逻辑操作映射到区块链网络中。合约层还管理区块链网络，比如成员管理、合约管理和通道管理，成员管理就是对网络中的成员进行授权和验证，智能合约管理功能负责执行智能合约的安装、部署、更新等操作；通道管理功能负责管理节点的加入和退出通道以及执行通道的创建和关闭。智能合约是对底层区块链账本执行读写操作的唯一通信渠道，为实现数字化教育资源在该系统内的全程监控，对资源数据结构体和智能合约功能接口进行设计，包括资源上传、资源交易等智能合约调用功能。以及通过智能合约API接口与私有数据库交互等。合约层具有可编程功能，包括各种脚本、代码、算法机制和智能合约，这些是可编程区块链的基础。将代码嵌入区块链中，自定义的智能合约就可以在达到某个确定的约束条件时实现自动执行，而不需要经过第三方参与就能够自动执行，这就是区块链去信任的基础。

第四，数据层。数据层是最底层的基础技术，主要实现两个功能：数据存储，账户和交易的实现和安全性。数据存储主要通过默克尔树以区块和链式结构来实现。账户和交易的实现及安全性功能依赖于各种加密算法和技术，例如数字签名、哈希函数和非对称密码，以确保可以安全且分散的方式进行交易。数字化资源的管理和操作数据的安全存储均依赖于数据资源层的支持，该层包括基于区块链技术的分布式存储模型和基础数据库，实现了数字化教育资源的溯源性、公开透明性和防篡改等特性。数据层的主要作用是存储数字化教育资源管理系统中的交易数据，并确保数据的安全性和隐私性。

第五，基础层。基础层包括了操作系统、服务器和专用网络等关键配置，根据实际情况为不同的服务器部署相应的配置，为数字化教育资源管理平台的设计打下了根基。由于数字化教育资源平台采用的架构，系统的功能设计包括后端服务器和前端交互两方面。其中，用户在前端对平台进行有限操作，包括资源上传、资源查询以及登录注册等行为操作。后台服务器根据用户发送的资源操作业务请求消息对数据进行相应的处理，以及将资源查询业务处理结果通过前端反馈给用户。

三、数字化教育资源管理系统功能结构设计

数字化教学资源管理系统的总体设计主要是在需求分析的基础之上进行的更加深入具体的研究。本管理系统的功能模块划分为用户管理模块、资

源管理模块和区块链系统管理模块，其系统功能模块结构如图 4-2 所示。

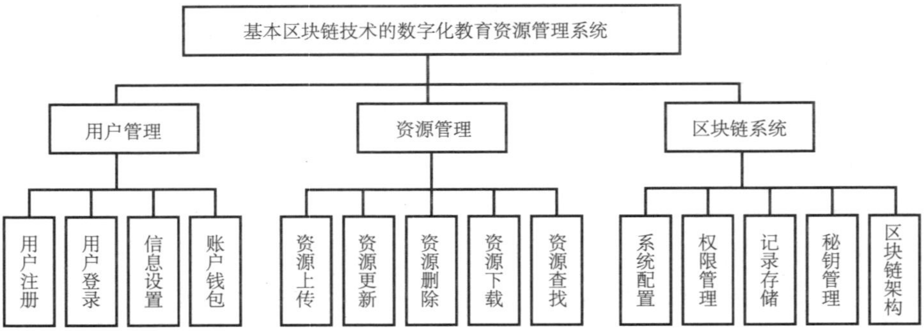

图 4-2　总体功能结构图

用户管理模块如图 4-3 所示，主要包括用户信息管理和账户钱包管理。其中，用户信息管理是对系统中用户的详细信息进行保存和管理的功能，账户钱包管理则是对系统中用户的钱包账户进行管理。用户信息管理除了基本的用户账号、登录密码等基本信息，还包括用户 ID、手机号、身份权限等信息。用户更改其基本信息需要向管理员提交修改申请，只有经过审核后符合要求的信息才会更新在用户信息模块中。在本系统中，我们将在系统内流通的资金称为资源币，资源币可用来实现对资源交易的相关工作的支付能力。用户注册登录行为会奖励一定数量的资源币，系统用户在系统内上传资源的行为也可以获得资源币，相应的当用户要浏览下载资源时，会根据资源所属用户的金额设置，扣除其账户内的资源币才能获取资源。当用户账户内的资源币用完后，可选择充值的方式进行补充。

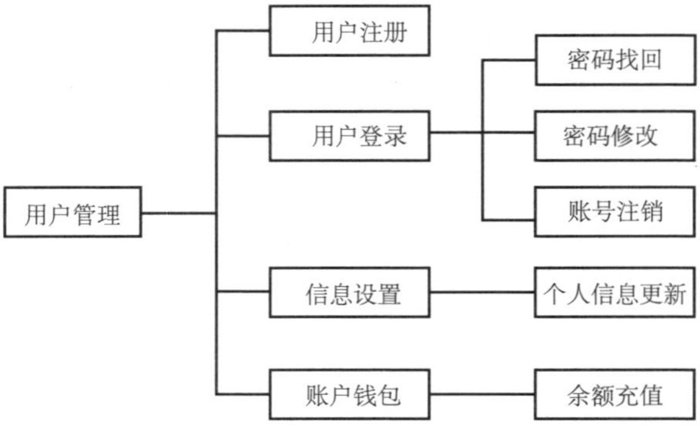

图 4-3　用户管理模块图

资源管理模块如图 4-4 所示，主要由资源上传、资源下载、资源检索等功能组成。

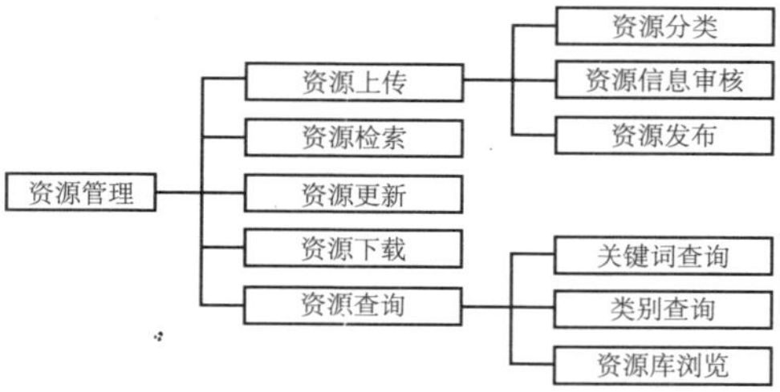

图 4–4　资源管理模块图

资源上传是资源提供者在系统内资源添加模块根据相关提示，完善资源的学科、名称等属性信息进行资源的上传操作，之后系统接收到申请后会调动设计好的智能合约，根据签名背书的结果实现资源的自动上传功能。

资源检索主要是系统用户在本系统内对所需资源进行的查询操作，系统提供了三种查询方式：①关键词查询就是用户根据资源的学科、所属人或名称等可辨别资源的属性方式进行查询；②类别查询就是用户在系统内按照学科进行资源的浏览和查找；③数据库查询就是用户在整个资源库中浏览，根据需求查找资源。

资源更新就是用户对其账户内的资源进行更新的行为，比如将资源重新上传、更替资源版本等。

资源下载就是用户在系统内支付资源币后根据操作对数字化教育资源进行下载的行为。

资源管理模块主要实现了对数字化教育资源的审核、发布、存储等功能。

资源上传过程中，系统会根据背书策略调动相应的用户节点对该交易进行背书，只有符合背书策略的资源才会通过审核。经过审核后，符合要求的资源会被更新在区块链中，系统内也会相应地添加资源的相关信息。最后，区块链系统会通过 P2P 网络将账本信息广播到整个网络中，使系统用户统一信息，实现资源的去中心化存储。

区块链系统管理如图 4-5 所示，主要包括两大部分：系统管理和区块架构。

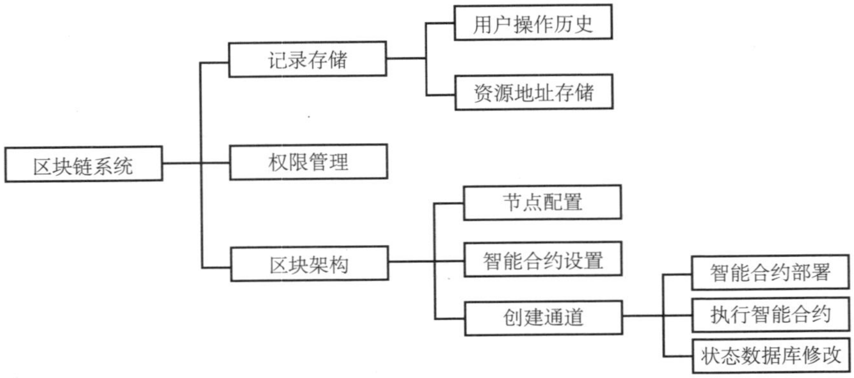

图 4-5　区块链系统管理模块图

系统管理主要是为保证系统的稳定运行对系统进行的全面的维护。区块链系统管理主要包括权限管理和区块架构。权限管理就是在用户注册登录之初，系统管理员依据其注册信息赋予其特定的权限，在权限范围内用户可进行相关操作，如资源上传、下载等。记录存储就是指用户在该系统内的每一次操作都会被系统记录存储下来，以便在之后对资源溯源。同时，由于区块链的存储空间有限，在链上只记录着资源的基本信息与资源存储地址，用户查询资源后获得的结果为地址链接。秘钥管理是对用户的密钥进行管理，分为用户创建密钥、加密资源和解密资源。这一步是用户在注册时创建的，当用户注册时，系统会根据用户属性生成对应密钥，若更新用户属性，需重新执行密钥生成步骤。

区块架构主要包括节点配置、通道创建、智能合约设置三部分。服务节点配置就是管理员通过使用该功能为被允许加入区块链网络的服务节点生成数字证书，并通过设置区块配置文件为服务节点中的共识算法以及区块大小等选项进行配置。通道创建就是将配置好的服务节点设置到一个通道中，可以使加入到本管理系统的用户之间达到数据共享。智能合约设置包括智能合约部署、执行智能合约、状态数据库修改。智能合约部署就是管理员按照系统对数字化资源管理的需求分析编写相应的智能合约，并将其部署在已经配置好的服务节点上；执行智能合约就是将部署好的智能合约进行实例化，输入能够触发智能合约运行的数据之后，智能合约能够自动运行，并生成相应的区块，将产生的结果在数据库中更新状态。

四、数字化教育资源管理系统数据库设计

（一）对象实体模型设计

对象实体模型是系统进行数据传输和持久化存储过程的载体，数字化教育资源管理系统包括很多对象实体模型，下面以实体用户、实体表单、资源属性、管理员为例进行阐述。

实体用户属性有用户 ID、账号、密码、权限规则、创建时间等，用户 ID 是身份证号，具有唯一性。账号和密码用于登录系统，系统通过读取权限规则来判断用户的使用权限的合法性。

实体表单属性有表单号、表单类型、创建时间、更改时间、表单状态、表体信息、表单金额、交易金额。表单类型表示当前表单属于哪种具体业务表单，如资源上传或查询。创建时间为表单首次保存时间，更改时间一般为最近一次修改或者审核时间。表体信息包含本次交易，如资源名称、资源类型、资源地址等信息。

资源属性有资源编号、资源名称、资源类型、资源内容、资源地址、创建时间、更改时间。资源编号是人工设置的用于表单记录，资源类型设置了该资源的分组大类，资源地址保存了该资源所存储的位置信息。

所有表单在用户新建编辑提交后，由高权限的管理员进行审核。然而每个用户可能会参与多种业务，所以每个用户可能会产生很多提交的表单，因此在用户实体和表单实体之间是一对多的关系。在管理员对保存的表单进行审核时，一个管理员可能对多种表单进行审核操作，因此在管理员实体类和表单实体类之间的关系也是一对多的关系。

（二）数据表设计

根据系统设计的要求和 E-R 模型分析的结果，系统应包括以下主要数据库表：

第一，用户信息表。本表主要用于记录系统用户对于操作系统权限的基本信息，主要包括用户编码、用户账号、用户密码等信息。

第二，资源作品表。本表主要用于记录平台作品的基本信息，包括作

品编号、作品名称、创建时间、作品类型等信息。

第三，区块链管理员表。本表主要用于记录区块链管理员的基本信息，包括区块链管理员编号、区块链管理员姓名、区块链管理员密码、当前块高以及状态等信息。

五、数字化教育资源管理功能模块的详细设计

资源管理模块是数字化教育资源管理系统的主要功能模块，主要实现对数字化教育资源的管理功能，包括资源上传、下载、更新、查询、删除等操作。

(一) 资源上传的详细设计

在资源管理功能中，实现对资源作品数据的上传功能时，各类用户通过注册登录系统，经过身份验证模块录入个人的基本信息，经过管理员审核，具有“资源上传”权限的用户可以进入该功能模块，进行资源上传的相关操作。同时区块链管理员通过点击“资源列表”可以查看当前平台的所有资源作品的数据，为了使本平台具有更高的公信力、安全性以及去中心化特性，系统内所有资源作品数据对该系统的成员公开，所有的区块链节点均可查看全部资源作品数据，以及可以在账本中查看资源的更新变化过程，从而实现对资源数据的溯源管理。

对于资源作品的管理，学科管理员、用户和区块链管理员分别具有不同的操作权限。其中，区块链管理员拥有系统所有功能的操作权限。其他用户在登录时会首先经过验证，颁发身份认证证明，获得所拥有的权限。对拥有权限的用户来说，可以根据实际需求对作品数据进行录入、上传等操作。区块链管理员首先可赋予用户相关权限，同时，验证并维护数据的完整性。

1. 资源上传流程

整个资源上传过程可大致分为以下三部分：

客户端发送请求阶段：用户通过注册时的账号及密码登录系统，经过身份信息验证后系统会分配相应的权限，在用户提出资源上传请求后，根据使用权限来检测是否拥有该功能的使用权限。

链码执行阶段：系统接收到资源上传申请后，会调动部署在系统内的

链码，拥有相关操作的背书节点就会执行链码操作。这部分的关键是背书策略的执行，由区块中的背书节点执行背书策略，符合背书策略要求的交易交由排序节点进行排序，生成新的区块，并将更新后的账本信息广播至所有节点。

用户账户更新阶段：资源上传操作的成功后，会向该用户的电子钱包支付一定的资源币，在用户客户端的电子钱包中更新余额，整个交易结束。

2. Fabric 区块链交易设计要点

Fabric 区块链的架构，包括节点的分配，在 Fabric 中包含 CA 节点、排序节点、Peer 节点等几种类型和组织及通道的创建等。设计的要点如下：

（1）Peer 节点：在数字化教育资源管理系统中，Peer 节点主要负责对系统中的区块交易信息进行验证，以确保公共账本数据的正确性和唯一性。在智能合约即链码被调用执行时，Peer 节点会根据交易动态变化，充当背书节点的角色，预执行链码并对链码执行结果进行背书；当没有交易时，Peer 节点就是普通的记账节点，保存账本信息。学校的学生、老师等参与数字化教育资源管理的人群在注册登录时即为 Peer 节点，根据老师和学生专业的属性，按照学科我们将其划分为不同的节点类型，其中将每个学科中的主负责老师设置为主节点。

（2）Order 节点：为了保证区块中的交易按顺序排列，排序节点会根据系统各交易发送的先后顺序，对交易进行排序，之后广播并更新到新区块中。在本系统中由系统自动配置，负责整个区块链系统交易的排序工作。

（3）CA 节点：在 Fabric 中是由成员管理服务商提供的，主要负责处理各用户加入该联盟链的申请。若申请成功，CA 节点会颁发同意加入的数字证书。在本系统中将这一功能赋予学校管理部门的负责人员，负责人员可根据学校用户的申请，分别设置学科管理员和普通用户的身份。学科管理员的权限在普通用户之上，在该系统中由学科的主要负责人（如某个专业的系主任）担任此角色。

（4）组织：将学校的学生、老师等用户根据上传资源的学科进行分类，不同学科加入不同的组织内。这样就可以形成多个组织，每个组织按类别进行区分，便于成员的管理。

（5）通道：在本系统中，针对一个交易，将相关各组织分配在同一个通道内，维护同一个账本的安全。

3. 资源上传区块链数据交易流程

（1）客户端发起一个资源上传交易请求：用户成功登录该系统后，通过系统内的功能键，填写与资源相关的信息后，向后台发送资源上传的请求。根据该交易的背书策略，随机选择节点发送交易信息。资源上传交易的背书策略描述：①须有区块链管理员的有效签名；②须有学科管理员的有效签名；③须有学科节点中 1/3 成员的有效签名。

（2）对资源上传提案进行背书：根据上述提案的资源学科属性，后台会将提案发送到相关学科节点执行背书过程，此时与交易相关的学科节点就称为该交易的背书节点。背书节点对提案模拟执行并完成背书后，将资源上传提案的背书结果返回应用程序。

（3）交易排序：应用程序收集背书结果，符合背书策略要求的交易将发送至 Ordering 服务节点，并根据时间顺序安排交易。

（4）排序生成区块：将从区块链网络中接收到的交易信息进行排序并且按照交易信息所属于不同的通道来创建区块。

（5）排序服务节点广播区块到组织：排序节点根据共识算法对生成区块进行共识并将结果发送到区块链中位于同一通道的各组织的主节点，以便于主节点验证后将区块添加到本地的账本数据中。在这一过程中，会验证区块的上传交易是否有效。

（6）所有相关用户节点账本更新：主节点将更新区块的操作发送到本组织相关的 peer 节点，所有 peer 节点更新区块，实现区块同步，并且将写操作集保存到状态数据库。同时，节点会通过事件通知客户端交易是否已被加入区块链以及交易是否有效。

在资源管理模块的详细设计中，在 Fabric 区块链中针对每种具体的功能设计，数据流程基本一致，主要是不同类型的业务所执行的背书策略、调用的链码设计不同。因此，后续的每个详细功能设计中，主要描述其业务流程图和背书策略。

（二）资源查询的详细设计

资源查询是在系统内的所有成员共同拥有的权限，各类用户登录系统，经过身份验证模块验证成功后，进入资源作品列表的界面，进行资源查询的操作。该系统共有三种资源查询方式：关键词、学科类别、数据库总览。关键词查询就是用户根据所需资源的名称、作者等信息在系统内搜索；学科类别就是用户根据所需资源的学科，在系统内点击该学科的分类模块，浏览该模块内的资源；数据库总览就是用户在整个资源列表界面，以直接浏览的方式查找所需资源。

与资源上传不同的是，资源查询则需要先支付一定的资源币才能启动查询任务。在用户提出资源查询请求后，系统会预先判断该用户的账户余额，扣除本次查询所需的资源币才能调用链码，执行相应操作。最后资源信息查询成功后，账户余额更新，整个交易结束。在 Fabric 中，资源查询的区块链数据流程与资源上传区块链数据流程的不同之处在于客户端提交的请求、执行的背书策略和调用的链码不同。在 Fabric 中，资源查询交易的背书策略描述为：①须有区块链管理员的有效签名；②须有学科节点中 1/3 成员的有效签名。

(三) 资源更新的详细设计

资源更新指的是用户在区块链系统中将原始资源更替为新的资源，资源更替与资源上传流程大体一致，但执行的背书策略不同。

在 Fabric 中，资源更新交易的背书策略描述为：①须有区块链管理员的有效签名；②须有学科管理员的有效签名；③须有初始资源所属成员的有效签名；②须有学科节点中 1/3 成员的有效签名。

(四) 资源下载的详细设计

用户在系统内查询所需资源，支付一定的资源币后，后台程序会将资源信息返回客户端，用户利用密码解密后获得资源存储地址，链接到相关数据库，获取所需资源。

在 Fabric 中，资源下载交易的背书策略描述为：①须有区块链管理员的有效签名；②须有学科节点中 1/3 成员的有效签名。

（五）资源删除的详细设计

资源删除是指系统成员将存储在自己本地数据库中的资源进行删除的行为，用户删除并不能将区块链上的信息进行删除，只能通过更新区块的方式，将此次操作以新区块的形式记录在系统内，区块链管理员就会在相应的资源列表中将其外显的信息删除。

在 Fabric 中，资源删除交易的背书策略描述为：①须有区块链管理员的有效签名；②须有学科管理员的有效签名；③须有学科节点中 1/3 成员的有效签名。

（六）链码的详细设计

在超级账本 Fabric 中，链码（Chaincode）是实现智能合约的方式。区块链网络搭建好之后，接下来对资源管理系统智能合约模块进行详细设计。智能合约代码包括引入包、结构体、系统初始化方法、主业务逻辑、具体接口函数和主函数六部分组成。系统初始化方法 Init（ ）在部署智能合约的过程中被调用，当调用合约对账本进行读写操作时，例如上传资源信息、查询资源信息等，会调用 Invoke（ ）方法，根据数字化教育资源管理这一功能设计的资源上传和资源查询的业务逻辑都在 Invoke（ ）方法中实现，并通过调用接口名称定位到不同分支。客户端在执行命令的时候系统会调用主业务逻辑方法并传入相关的参数，在本设计中是从系统初始化方法、资源结构图设计、调用接口分支的过程来进行的设计。

第五章　区块链技术应用案例与展望

区块链作为一种分布式数据存储、点对点传输、共识机制、加密算法等计算机技术的新型应用模式，被认为是继大型机、个人电脑、互联网之后计算模式的颠覆式创新，正在全球范围引起一场新的技术革新和产业变革。本章主要内容包括“区块链＋农业溯源”应用案例、“区块链＋供应链溯源”应用案例、区块链技术应用的反思与展望。

第一节　“区块链＋供应链溯源”应用案例

一、区块链在供应链管理中的应用

供应链管理在促进实体经济发展、增强中小企业活力等方面起到了关键作用，也是金融改革深化、金融服务完善的重要驱动力。随着技术的飞速发展与国际商业环境的不断变化，供应链正在向“供应链网络”演变，即一种由于互联网等技术的出现而形成更加集成的供应链形式。企业意识到想在数字经济中取得长足发展，不仅要重视企业内部的业务、技术、人员和流程的集成管理，还必须重视扩展企业之间的集成管理。企业迫切期望使用供应链管理系统，促使企业与供应商、客户以及业务合作伙伴之间达成长期的合作。

企业对自己购买和销售的产品了解不够，无法应对当今全球供应链面临的许多复杂挑战（如安全、可持续和道德）。部分企业已然认识到可追溯性对于提高效率、节约成本和在市场上实现产品溢价的商业价值，因此企业必须克服与验证产品标识和可追溯性声明相关的不信任，对每一个作为或不作为都要进行严格审查。区块链是一种网络化的分布式账本技术（DLT），在供应链中越来越受到市场的青睐，例如在验证产品来源以及实现产品的跟踪或追溯方面，虽然区块链本身并不能解决可追溯性问题，但其可以成为规则的改变者。客观全面的数据有助于企业优化业务决策，达到可持续性标准，实现高效率生产。

虽然有众多应用于供应链管理的技术供选择，但区块链提供了另一种技术路径，它可以通过其提供的透明度及其不可篡改性将尚未直接建立信任关系的不同各方聚集在一起。区块链存储网络中发生的每一笔交易或数据交换，通过广播方式，网络中的所有各方可以共享对相同数据的访问，包括按时间顺序添加到数据中的内容，从而潜在地减少对第三方中介的依赖，无法删除数据，网络中各方看到的数据相同，即从数据的角度确保“你看到了我能看到的数据”。区块链有助于解决当今世界大多数系统所需的复杂和昂贵的数据协调问题。

单靠区块链并不能应对当前的人为挑战或数字化转型的需求，但它为工作方式的创新提供了启发。区块链的有效实施可以提高透明度和信任度，落实问责制。在考虑区块链是否适用于特定的案例时，应综合考虑价值驱动因素与关键权衡因素。区块链技术并非“银弹”，某些供应链环节可以通过现有的技术或方案处理。

当今技术的创新与增长非常迅速，企业不能仅依靠内部资源来设计开发新产品，而是必须专注业务擅长领域，将其他业务外包，形成一个业务关系网络。因此，供应链的科学有效管理至关重要。扩展企业的概念也随之出现，即一个概念性的组织单元或系统，包括采购公司和供应商等，它们通过紧密合作来实现最大化的利润分配。因此，博弈双方由企业之间转变为供应链各方，可以将扩展企业看作一个独立公司来进行管理，所有节点的集成是实现公司的根本所在。

近年来，供应链管理面临着一个重要的挑战，即对环境可持续性和社会责任的日益重视。因此，企业的社会责任是企业不可推延的，组织的目标是可持续发展。可持续发展是在不损害后代满足其自身需要的能力的情况下满足当前需要的发展，因此，可持续供应链管理即在整个供应链管理中融入可持续发展理念，以求达到经济效益、社会效益、环境效益的协调优化，使供应链企业按照可持续发展理念整合知识、整合技术、提高企业竞争力。

(一) 采购过程

分析企业在与供应商进行经济交易时的行为的主要理论包括基于资源的观点（RBW）理论、扩展的基于资源的观点（ERBW）理论、经济学交易成本（TCE）理论，其中前两个专注于维持内部创造竞争优势的活动。对于RBW和ERBW理论，引入区块链完成交易可能不会改变公司外包的倾向，因为区块链既不会影响核心能力，也不会影响与其他公司建立良好关系的能力。但是，如果公司的贸易倾向发生实质性的变化，威廉姆森的“经济学交易成本”（TCE）理论应受到重视。事实上，TCE理论认为每个公司在做出购买决定时的目标是最大限度地降低交易成本，市场分析主要基于交易成本、资产专用性、机会主义等三个影响商业环境的因素。

首先，交易成本主要由收集市场信息的成本、与交易对手谈判的成本和签订合同的成本构成。区块链将降低签约成本，因为起草合同的每一种中介都将被新的智能合约淘汰，所以公司不需向第三方支付支持签约阶段的费用。其次，公司需要在区块链平台上进行订阅，并为必须记录交易和使用区块链的员工和管理者购买区块链培训课程。特别是对于受许可网络监管的供应链，这些投资必不可少，因为公司不能使用同一平台在指定网络之外完成交易。最后，区块链技术范式及其算法、工作量证明和以下所有变体保证了交易的高安全性，并构成了防御恶意节点的重要屏障。

早在20世纪90年代，密码学家Nick就将智能合约描述为使用电子协议订立合约。区块链允许记录大量信息（合同条款、履行的义务、程序和工作流程），并构建在满足相关条件时自动执行的应用程序。此外，由于共识算法，区块链确保了交易的安全，并且能够追踪交易中移动的每一项资产，区块链可以避免第三方维护合同有效性的需要。智能合约可以替代许多需要公司努力、时间和成本的后台活动。事实上，智能合约可以自动执行交易、支付和结算。此外，智能合约可以控制交易的有效性和交易对手的正确性，而无须任何第三方，也不存在与交易对手结构或权力相关的歧视或差异。因此，智能合约将减少合同纠纷和诉讼成本。

回到采购流程，下面分析“采购到付款”部分，智能合约的结构有助于支持采购流程的评估阶段，智能合约可以在此阶段基于绩效对供应商进行评估，并发布奖励或处罚条款。在 ERP 软件的支持下，订单将继续发布，因此在移动货物的可追溯性方面，区块链可以支持催交。

苏黎世计算机科学系的 Karl 和 Arthur 开发了一个用于确定区块链使用节点，以及不同类型的区块链网络适合何种情况的框架。一般来说，多个实体或公司可以通过分布式分类账或集中系统完成交易，该系统提供验证交易和确保交易信息或资产安全的技术。由于区块链技术的分布式账本是可行的，因此，数据不由任何中央机构存储和管理，中央机构必须对交易进行验证并规范对信息的访问。但是，账本可由网络的每个节点访问，这些节点可在验证阶段做出贡献。否则，在一个集中的系统中，第三方将存储所有数据，为确保交易的安全性，需要验证这些数据并管理对存储信息的访问。因此，如果公司想交易，但它们不信任第三方或集中系统，就可以使用自己开发的或可能由第三方开发的区块链分类账。谈到业务关系和供应链中区块链的使用，在大多数情况下，公司更喜欢在许可网络内完成交易。公司选择许可网络的原因是知道所有成员的身份、交易的验证速度更快、验证节点不需要报酬。

在许可的区块链中，每个节点在请求加入网络时都必须显示其身份，但是，它可以管理所有其他信息的披露。通常，公司认为许可的区块链是一个更好的解决方案，可以保留一些与无许可的区块链相关的信息。但通常情况下，网络的参与者彼此不信任，而区块链技术代码可以保证交易的安全，并且网络节点不存在任何机会主义行为。在一个允许的区块链网络中，节点较少，则协商所需的时间较少，且不需要补偿验证器，因为网络中各成员都是验证器，其交易是有效安全的。之后，公司可以决定使用公共许可的区块链，其中只有验证节点需要授权，而任何人都可以进行交易，或者使用私有许可的区块链，其中所有节点必须获得授权才能成为网络的一部分。尽管公共许可的区块链有利于更开放的场景，并鼓励供应商的竞争和创新的发展，但私人许可的区块链更易于管理，也许正是因为这个原因，通常为公司所青睐。

(二) 分销渠道

如今的消费者对所购物品的全生命周期信息的透明性需求越来越高，

这就强调了公司必须在整个分销渠道的供应链上都有可预见性。因此，一些公司投资实施了可追溯系统，以严格控制产品生命周期。公司必须披露产品的来源、使用的材料、在制造和装配阶段所经历的步骤，以及供应链中涉及的公司对环境和工人的行为。区块链允许在分类账上登记货物的转移信息，包括相关方、产品价格、日期、位置、质量和状态。此外，由于区块链能跟踪每一个移动的数字资产，也能跟踪每一个移动的比特币，因此对任何商品都可以从诞生到销售点进行跟踪。

需要注意的是在集中式系统中存在的信任问题，因为组织必须承担管理和访问存储数据的控制器的角色。该情况下可能的替代方案有两种：一是供应链中的一家公司收集和管理整个供应链的数据，二是第三方对整个供应链数据进行收集与管理。在大多数情况下，第一种选择是不可行的，因为同一供应链的所有行业不太可能都对一个成员有如此高的信任度来赋予它这种权力和责任，但是第二种情况也不可能如此确定。事实上，供应链中的公司应该非常谨慎地选择将管理其数据的第三方，因为它们必须确保外部公司不会与链中的任何其他公司产生关联，并且了解外部公司准备如何执行这项任务。

(三) 生产运作

区块链在跟踪商品方面的用途，以及它在这一领域的潜力，让应用区块链来跟踪生产和组装阶段的材料流动具备一定的可能性。

事实上，一个项目必须通过不同机器或部门才能进入生产或组装现场，这些机器或部门可以集成到区块链中。当一个项目从一个装配站或生产站转移到另一个装配站或生产站时，移动记录在区块链中，并且可以在生产过程中跟踪每个项目的路径。时间戳可以追溯到产品的生产批次或完成生产操作的时刻，因此能更仔细地研究每个项目的特性。此外，区块链还可以与统计过程控制工具配合使用，以改进公司内部的质量控制，便于在撤回或召回过程中发现缺陷批次。在区块链中填充交易的操作将由排队的运营商执行，该运营商必须在工件移动到下一站之前进行交易。运营商在操作结束时将工件向前移动，但必须将交易放在区块链上才能移动工件。

(四) 新产品开发

区块链的特性使得它在新产品开发过程的协调中非常有用。特别是在新产品开发项目中，可以在不同公司之间即时分享交易信息、交易日期和时间，但通常会在遵守最后期限方面遇到困难。在新产品开发过程的第一阶段，根据产品的技术特点和所能达到的性能，公司可以通过区块链共享有关新项目设计或不同可用设计的文档。

促使企业在新产品开发过程中使用区块链的重要因素主要包括：保证所记录的区块链交易日期在时间上准确、遵守最后期限原则，以及选择适当时机让供应商参与到新产品的开发过程中。区块链有助于新产品开发过程，让供应商在适当的时间参与进来控制组件的质量水平，在智能合约的约束下，供应商主动遵守最后期限和规范。另外，区块链允许供应商访问更新的项目分类账，了解他们何时将加入项目，以充分规划其行动。此外，许可的区块链能解决参与新产品开发项目的公司之间的信任问题。

二、区块链在供应链溯源中的应用案例

实体产业中，产品往往要经过原材料采购、加工、生产、质检、物流等大量环节才能到用户手里，这些环节是以离散、孤立的状态保存相关信息，因此很容易造成彼此间信息流转不畅的“信息孤岛”现象。在当前经济一体化的背景下，产品流通往往呈现出跨区域（甚至跨国）、周期长等特征，加剧了信息不透明的状况。利用区块链将供应链的各参与方连接起来，进行安全的实时数据共享，可实现正品溯源、有效监管、提高供应链效率等目标。

(一) 危化品信息流溯源案例

1. 案例介绍

在供应链中，由于涉及的参与方往往是具有不同经济利益的独立实体，因此企业之间很容易形成“数据孤岛”，利益上的彼此冲突常常会导致成员之间产生互不信任、造成各自为政的局面。事实上，这种情况不只发生在企业之间，也发生在同一家企业的不同部门之间。例如，国内一些零售企业仍然是“小作坊”的管理模式，各个部门单独进货，各有各的进货渠道，这不

仅提高了进货成本，而且使企业整体失去了抵御市场变化的能力，没有发挥资源复用的优势。

供应链系统的地域和时间跨度大，对信息化的依赖程度很高。其连接多家生产企业、运输企业、配销企业、采购企业及用户，如果多个参与方能够共同使用一套可信的账本数据，将会减少企业对数据的信任成本。区块链正是实现供应链整合的理想技术。

2. 案例方案

对于上述行业痛点，F 公司发布了一套针对危化品供应链的区块链解决方案。该方案整合了全流程信息流，产品在工厂出产并检测质量无误后，即为产品绑定了基于区块链的唯一数字 ID，在其流通渠道上配备物联网设备，以保证全流程数据的透明可信。同时，在经过危化品鉴定、海关等部门检测后，把检测报告信息加密存储在区块链中，并使用零知识证明、CL 签名等方式让指定验证方有权查看报告，同时保护数据隐私和安全性。

由于物流信息化技术的完备，在海陆物流运输途中，可通过传感器设备实时监控温度、湿度等数据，保证货物的相关指标处在合理区间内，并将物流状态信息、地理位置等数据上传至区块链。采购企业在货品核验时，可查验货物从出厂到收货的全流程、多维度的可信数据，通过区块链的技术背书而非人为信任，辅以物联网技术，保证了原始信息数据的真实可信，以及物品与信息数据的一一对应，从而极大地增加了生产企业的作恶成本，同时降低了采购企业和全社会的信任成本。

(二) 跨境商品溯源案例

1. 案例介绍

相比国内商品的供应链而言，跨境商品的供应链更加复杂。从原产地工厂到代理商，从海外仓、原产国海关、国际物流、国内保税区、保税区海关，到国内物流、快递配送，再到消费者手中，中间经过了大量的环节，参与方众多、流程长、信息不对称的情况更加严重。这也造成了跨境商品容易造假、供应链效率低下等突出问题。

针对这些情况，M 公司搭建跨境商品供应链网络“M 平台”，跟踪进口商品全链路，将众多海外品牌商、海外质检、中检集团、跨境电子商务质量国家监测中心等机构引入进来，汇集生产、运输、通关、报检、第三方检验等信息，给每个跨境进口商品打上“身份证”。消费者只要扫描商品上的二维码，即可查询到跨境商品的完整信息，包括商品详情、质检报告、供应链溯源等，从而确保自己买到的商品是正品，买得放心。

2. 案例方案

M 平台的参与方包括原产地企业、海外质检、海外仓、保税仓、国内质检、天猫国际、菜鸟物流等机构，境外的共识节点部署在澳大利亚。其海外商品经过张贴或印刷定制的二维码，实现对商品“一物一码”的唯一标识，同时将商品二维码与质检的检查单位和物流的运输单位进行关联。商品在流转过程中，由各对应主体将操作信息使用标明身份的“私钥”进行数字签名并附上时间戳写入区块链①。

一旦写入区块链，相关数据即难以篡改，不可抵赖。消费者收到商品后，使用手机扫描二维码，收到提示后刮开二维码上的暗码并输入，即可查询到跨境商品的全流程溯源信息。

3. 案例价值

（1）商品防伪。商品经过“一物一码”的标识，并且将全过程流转的信息写入区块链。区块链上的信息不能随意篡改。商品从生产到运输再到最后销售，每一个环节的信息都被记录在区块链上，这样可以确保商品的唯一性。造假商品很难具备合乎特定规则的商品标识和全流程溯源信息。

（2）有效监管。从生产到销售，每一个环节的主体都以自己的身份（私钥）将信息签名写入区块链，信息难以篡改，身份不可抵赖。万一出现纠纷，当事人可以很快地定位出问题的环节，从而进行举证和追责。

供应链协同区块链上的数据高效地在跨境商品供应链的不同参与主体之间共享，做到统一凭证、全程记录、及时高效，能够有效地解决多方参与、信息碎片化、数据流通难等问题，降低供应链成本，提高效率。

① 朱晓武，王征，孙航．区块链与实体产业：重新定义数字经济 [M]. 北京：人民邮电出版社，2019.11：216-222.

(三) 冷链溯源案例

1. 案例介绍

冷链是特殊的供应链系统，泛指在冷藏冷冻类食品药品的生产、储藏、运输、销售等各个环节中，将系统始终保持在规定的低温环境，以保证商品质量的一套系统工程。针对传统的冷链中标准不一致、无法体系化，以及原材料提供商、生产厂家、物流方等多方彼此隔离、难以互信的难题，Z公司和某大型肉类协会及某大型冷链公司合作，分别提供针对各自业务特点的解决方案，打造了基于区块链的全程冷链溯源平台“Z平台”。

2. 案例方案

Z平台采用区块链、RFID、云计算、大数据等技术手段，其主要包括以下功能：

(1) 可信溯源。Z平台打造的冷链溯源生态体系将冷链关键环节的各方作为节点，实现生产、仓储、批发、零售等各个环节的生产数据、产品数据、卫星定位数据、冷链物流数据，以及物流运输过程中温度、湿度、光线等数据经哈希计算后全程入链存证，打造可信存证基础设施平台，为溯源提供可信的数据支撑。

(2) 实时监控。在冷链商品的流通过程中，对流通领域的温度、湿度等信息进行全天候的实时监控，严格将冷链商品的环境参数控制在规定的范围内。

(3) 预警管理。在冷链商品运输中，一旦发现环境中的温度、湿度等参数超标，系统会自动对异常情况进行预警，及时采取有效的防范措施。

(4) 查询服务。平台面向各方用户提供高效查询服务，可面向生产商、经销商、零售商、终端消费者等提供不同类型的信息查询服务，让经销商实时掌握冷链商品运输中的状态，让终端消费者买到放心商品。

除了以上功能之外，平台还提供运输过程中的冷链商品交接管理、实时GPS定位、报表分析及管理、用户管理、资产管理、产品档案管理、人员身份管理等功能。

冷链物流中的温度和时间是必须考虑的两个重要因素，且贯穿储藏和配送的整个过程中。系统基于RFID及传感技术进行冷链物流环境监测，可实时监测物品在储藏、运输阶段的环境参数，并通过监控中心判断是否符合标准，以便及时调整，减少损失。其采用 RFID 标签取代传统的环境监控方法，标签内部装有 RFID 芯片、温度传感器、湿度传感器以及光线传感器。将标签安放在合适的位置后，传感器将实时采集所处环境的温度、湿度、光照信息，并将信息写入标签的芯片内，按规定的时间间隔将信息传输到阅读器中。阅读器通过无线网络上报到监控中心，由监控中心存储并分析收到的数据，如有异常情况，则及时报警，采取措施。其过程中所有的温度、湿度及光线信息全程入链存证，防止数据被删除和篡改，为冷链溯源平台提供了可信的数据支撑。

3. 案例价值

Z 平台在建设过程中打造可信冷链溯源联盟链，将生产企业、冷链物流公司、监管部门、冷链仓储机构、监测机构等纳入联盟网络，通过区块链网络进行数据共享和传输，保障各方信息实时同步，有效避免了由于信息造假、篡改等问题为平台带来的失信隐患，打造了各方互信共享的可信冷链溯源生态。

第二节　区块链技术应用的反思与展望

一、区块链技术应用的反思

目前，区块链技术实际落地的情况与其相对理想的组合还有比较大的差距，出现这种情况的原因有很多。

在区块链行业一侧，主观方面，有些团队本身缺乏做好产品的欲望，更多的是抱着投机的心态参与到这个行业中，因此没有将时间、精力与资金投入到与技术落地应用相关的领域；客观方面，尽管部分从业者确实有将区块链技术与实体产业结合、打造数字经济的意向，但由于目前经济研究领域针对中观行业的训练较少，所以切入的方向往往不是特别准确，其主要的精力都用在了对产品性能的提升上。

至于实体产业一侧，虽然目前各行各业都或多或少地存在一些痛点，但绝大多数人不会想到用区块链技术去解决。一方面，由于此前某些区块链团队的一些宣传话术有失妥当，例如说区块链技术无所不能、可颠覆一切中心化机构等，使很多人在主观上就对区块链技术产生了一些抵触；另一方面，由于区块链技术本身涉及多个学科的冷门知识，背后原理相对枯燥，理解起来并不容易，因此除非需求特别强烈，否则很多企业与个人其实没有耐心对其进行深入研究。区块链与实体产业之间存在较强的距离感，双方在过去数年之间迟迟未能实现比较好的融合。

然而，无论对于正在快速数字化与去中心化的实体产业，还是目前闭门造车的区块链技术，两者之间的妥善结合都是互惠互利且很有必要的。在区块链方面，当前业界关注的一系列热点，如跨链、匿名、去中心化交易等新技术、新模式，它们的应用推广甚至存在的意义都要建立在区块链技术落地实体产业的基础上[①]。这也是为什么很多人抱着"拿着锤子找钉子"的心态给区块链寻找落地场景的原因。虽然这样做失败的概率很大，但其心情是可以理解的。

遗憾的是虽然业界对"区块链需要落地实体产业"已经达成了理论上的共识，但实际上很多资源并没有被投放到相关的研究与开发中，而是被用到了低附加值甚至无附加值的工作上，这使本就动荡的行业更加充满了不确定性。尤其是随着区块链行业的集中度逐渐上升，此种趋向更呈现出加深之势。这对于区块链行业乃至数字经济无疑是不利的。从现在的情况来看，真正有效的区块链应用很可能不在目之所及的项目中，而能够发现并开发这些应用的人可能也不在现有的区块链从业者队伍里。

出于这样的考虑，本书通过对现有的区块链应用以及潜在的区块链结合方案进行梳理，从中总结了一些个人的体会和理解，希望能够为今后的区块链从业者提供一些参考。按照本书的理论，这是一个对"研究权"进行去中心化的行为，也就是将区块链应用研究的相关体会从少部分的行业研究者分散到更多在这方面有兴趣的读者手中，希望自己早先的一些经验可以帮助读者少走弯路。而随着越来越多有相关意向的人参与到区块链与实体产业结合的研究过程中，区块链应用及在其基础之上的去中心化经济出现的周期将会被有效缩短。

---

① 朱晓武，王征，孙航．区块链与实体产业：重新定义数字经济 [M]. 北京：人民邮电出版社，2019.11：247-253.

二、区块链技术应用的展望

需要指出的是，目前很多从业者对区块链技术的应用落地存在一个思维误区。事实上，业内曾经有不少人投入过对区块链应用的研究工作，但后来没能持续下去。因为在一些人看来，区块链的使命就是对现有经济体系进行整体大幅改造，甚至对原有的信息基础设施直接全盘替代（例如“区块链颠覆银行”言论），而在探索之后却发现，现阶段以及预期内的区块链技术实际上很难实现上面提到的目标。因此，他们认为区块链是一项低于人们预期的鸡肋技术，其存在的意义比较有限。

然而，得出这种结论未免有些武断。纵观各行各业的历史不难发现，在科学技术与商业模式的迭代中，100%的绝对替代的情况并没有人们想象得那么多。以很多区块链从业者都比较熟悉的能源行业为例，按照传统的行业史观，这个行业的历史一般会被分成薪柴时代、煤炭时代、石油时代、天然气时代及新能源时代。但从数据来看，这些所谓的“××时代”很多是不成立的。因为其中只有薪柴在能源市场上取得了绝对的优势地位，这种分类方式主要是从一次能源的角度来看，如果按照终端能源的角度，其可能会被分为薪柴时代、煤炭时代、石油时代、天然气时代、电气时代，有些资料还会把石油和天然气合并成为“油气时代”。

除此之外，无论煤炭、石油、天然气，还是新能源，没有对前一种能源实现全面的替代，进而在能源市场中占据主导位置。事实上，薪柴时代之后的能源行业，严格来讲被称为“多元化时代”更准确。

类似的案例还有很多。例如，在工业制造这种传统领域，工业3.0没有对工业2.0甚至工业1.0进行全面替代，各方彼此之间呈现出一种共存的状态；支付这种新兴领域也是一样，大受好评的二维码支付没有完全主导这个领域，其在全球范围仍然是与纸币、信用卡、NFC等多种技术与模式共处。可以说，除非后来者能够在多个维度上对原有的技术与模式形成全面的压制，否则要想实现所谓的“完全替代”，哪怕仅仅是“成规模替代”，其实都不是一件容易的事情。区块链也是如此，人们必须接受一个现实，那就是本身原理复杂、效率存在瓶颈的区块链技术由于在关键性能上的短板，即使在技术成熟之后，它可能也不会对原有的信息基础设施进行直接的大幅改造，更不要说全面替代了。

这并不意味着区块链的失败，区块链技术正在通过自己的方式对社会经济进行改造。相关消息显示，一直以来被人们口诛笔伐的 SWIFT 此前启动了一个试点项目，以提升自身的支付效率。从金融行业的历史来看，这种事情并不多见。毕竟，SWIFT 在 20 世纪 70 年代诞生后的 40 多年中几乎从未采取过类似的行为，而本次促使这个金融寡头痛下决心的最直接原因正是区块链：由于高度可靠的分布式记账本的出现，SWIFT 感受到了巨大的竞争压力，因此不得不进行自我提升。毕竟，SWIFT 之所以能够成为各国银行的账户记录平台，其核心竞争力正是源于自己 40 多年来积累的信誉与可信程度。而极难篡改的区块链使这种信誉出现了去中心化的趋势，SWIFT 的核心优势也受到挑战。在这种情况下，SWIFT 才有动力对自身技术性能进行提升，最终使用户从中受益。

从以上分析不难推断，区块链也许不像很多理想主义者宣称的未来会支配整个经济领域，它在某些行业可能永远也无法取代人们熟悉的中心化机构。毕竟世界是多元的，信赖去中心化的人固然不少，但崇拜中心化高效寡头的人也有很多。区块链存在的意义主要是在现有的中心化机构之外为人们提供了另一个去中心化的选项，进而与原有的中心化势力形成一种互相竞争与遏制的关系，最终为人们提供高体验的产品。对于那些以品牌可信度为核心资产的信息中介来说，其服务的性价比一旦下降到触及人们的心理红线，同样高度可信的区块链技术立刻就会来争夺它们的市场份额，让其如同 SWIFT 一样遭到各种区块链网络的冲击。也就是说，区块链可能影响并改造社会，但这种影响不是很多人想象中的那种颠覆式影响，就好像新能源改造世界不是让新能源 100% 替代化石能源一样，至少在可预期的时间内不太可能出现这种情况。

在经济系统中，像区块链这样产生“鲶鱼效应”的情况并不罕见。以前面提到的能源行业为例，传统能源和新能源的极端支持者经常会号称要彻底压倒并取代对方，但在经历了数十年的冲突与发展之后，谁也没有完全战胜谁，而是形成了一个相互共存的相对稳定局面。尽管新能源在全球能源消费中所占的比重非常小，大概不到 5%，但正是这不到 5% 的存在使占比超过 80% 的化石能源在拥有绝对市场份额的情况下仍然不敢随意提价，而且时刻都在优化自己的服务。因为这些传统能源供应商知道，一旦自己的服务质量下降到一定程度，价格低廉且资源丰富的风电和太阳能马上就会来抢占自己的市场份额。

区块链也是一样。从现在的发展态势来看，断言相关的应用在预期的时间内将会爆发式增长、实现大幅替代，还是不太现实。最有可能出现的情况是在几年后使用区块链网络作为中介，进行各种经济活动的人依然只占全球的很少一部分。但这少数的存在对于整个去中心化经济系统来说却有着很大的必要性，它们就如同市占率不到 5% 的新能源一样时刻提醒着中心化的中介机构：如果服务质量一旦降到用户难以忍受的程度，用户马上就会转移到区块链网络上。毕竟对于用户来说，产品与服务的表现形式都是次要的，高性价比的内核才是用户真正追求的东西。

结　语

近些年来，随着区块链技术的不断发展，越来越多的领域开始投入使用区块链技术，作为一种技术手段，区块链是为经济活动服务的，实质上是人类交易方式的发展和进步。

本书基于区块链的基本理论、基础框架、原理阐释，重点围绕区块链技术生态体系运营与实体产业的发展、区块链技术在人力资源管理、农业、教育行业、健康行业及其与物联网的融合发展进行论述研究，具有一定的理论创新和学术价值，对我国区块链的发展具有重要的现实意义。

参考文献

1. 著作类

[1] 陈晓红．区块链技术及应用发展 [M]. 北京：清华大学出版社，2020.

[2] 华为区块链技术开发团队．区块链技术及应用 [M]. 北京：清华大学出版社，2019.

[3] 缪兴锋．区块链技术应用实务 [M]. 北京：中国人民大学出版社，2020.

[4] 熊健，刘乔．区块链技术原理及应用 [M]. 合肥：合肥工业大学出版社，2018.

[5] 袁煜明．区块链技术进阶指南 [M]. 北京：机械工业出版社，2020.

[6] 张浪．区块链 + 商业模式革新与全行业应用实例 [M]. 北京：中国经济出版社，2019.

[7] 张雷，过晓星，张春霞，等．区块链技术导论和开发指南 [M]. 北京：科学出版社，2019.

[8] 赵其刚，周伦理，王黎．区块链 + 农业应用: CNG 农业链实务 [M]. 北京：中国农业出版社，2020.

[9] 朱晓武，王征，孙航．区块链与实体产业重新定义数字经济 [M]. 北京：人民邮电出版社，2019.

2. 期刊类

[1] 曾诗钦，霍如，黄韬，等．区块链技术研究综述：原理、进展与应用 [J]. 通信学报，2020，41(01)：134-151.

[2] 陈加友．基于区块链技术的去中心化自治组织：核心属性、理论解析与应用前景 [J]. 改革，2021(03)：134-143.

[3] 陈伟利，郑子彬．区块链数据分析：现状、趋势与挑战 [J]. 计算机

研究与发展，2018，55(09)：1853-1870.
[4] 丁宁 . 基于区块链应用的企业服务系统界面管理研究 [D]. 南京：东南大学，2019：9-57.
[5] 范贤丽 . 基于区块链和可定制智能合约的粮食供应链信息系统的设计与实现 [D]. 北京：北京邮电大学，2019：26-56.
[6] 郭斌，陈劲，许庆瑞 . 企业创新管理的组合观及其理论溯源 [J]. 浙江大学学报(社会科学版)，2017(04)：86-91.
[7] 郭雪梅 . 基于区块链智能合约的网络威胁情报共享机制及实现 [D]. 北京：北京邮电大学，2019：12-43.
[8] 韩璇，袁勇，王飞跃 . 区块链安全问题：研究现状与展望 [J]. 自动化学报，2019，45(01)：206-225.
[9] 郝琳娜 . 诚信缺失，何以共享 ?——区块链赋能创新共享平台信用生态体系构建 [J]. 贵州社会科学，2021(04)：119-127.
[10] 何永贵，冯缘 . 基于区块链技术的平台型企业人力资源管理体系研究 [J]. 管理现代化，2020，40(05)：99-102.
[11] 贺海武，延安，陈泽华 . 基于区块链的智能合约技术与应用综述 [J]. 计算机研究与发展，2018，55(11)：2452-2466.
[12] 胡元聪 . 区块链技术激励机制的类型化分析 [J]. 学术界，2021 (1)：121-131.
[13] 匡亚林 . 论区块链技术在社会救助制度中的适用 [J]. 行政管理改革，2021(2)：64-71.
[14] 林诗意，张磊，刘德胜 . 基于区块链智能合约的应用研究综述 [J]. 计算机应用研究，2021，38(09)：2570-2581.
[15] 刘昌平，刘海 . 一种区块链数据的云存储与共享方法 [J]. 计算机应用研究，2021，38(09)：2600-2603.
[16] 刘光星 . “区块链 + 教育”：耦合机理、风险挑战及法律规制 [J]. 电化教育研究，2021，42(3)：27-33，41.
[17] 刘统银 . 区块链技术在健康险核保理赔中的运用研究 [D]. 南昌：江西中医药大学，2020：31-45.
[18] 刘永相，李彦斌，蒋炜，等 . 应用于物联网的区块链共识算法比较

研究 [J]. 电力信息与通信技术，2020，18(06)：30-34.

[19] 刘玥 . 论区块链技术在“互联网 + 医疗健康”监管领域中的运用 [D]. 南昌：南昌大学，2020：35-41.

[20] 马欣员，钟若愚 . 基于区块链创新耦合的新型供应链生态体系与制度建构 [J]. 新疆师范大学学报 (哲学社会科学版)，2021，42 (02)：73-83.

[21] 邵奇峰，金澈清，张召，等 . 区块链技术：架构及进展 [J]. 计算机学报，2018，41(05)：969-988.

[22] 施婉，陈恺宇 . “区块链 + 绩效管理”问题与对策 [J]. 企业管理，2020(06)：118-120.

[23] 石瑞芳 . 基于区块链技术的智能合约在东北粮网中的应用研究 [D]. 沈阳：沈阳师范大学，2019：21-49.

[24] 宋薇 . 基于区块链技术助推高等教育创新发展的应用价值研究 [J]. 北华航天工业学院学报，2021，31(04)：45-47.

[25] 宋旭光，花昀，何宗樾 . 区块链技术对国民经济核算发展的影响 [J]. 统计研究，2021，38(2)：3-14.

[26] 宋迎春，宁晓雅 . 区块链技术风险评估与控制 [J]. 财会月刊，2021 (14)：124-130.

[27] 孙国梓，王纪涛，谷宇 . 区块链技术安全威胁分析 [J]. 南京邮电大学学报 (自然科学版)，2019，39(05)：48-62.

[28] 孙力 . 区块链 + 在线教育资源联盟信息保护机制研究与应用 [J]. 信息网络安全，2021(9)：32-39.

[29] 唐衍军，宋书仪，蒋翠珍 . 区块链技术下的医疗健康信息平台建设 [J]. 中国卫生事业管理，2020，37(11)：804-806.

[30] 万艺航 . 基于区块链的物联网数据存储技术的研究 [D]. 北京：北京邮电大学，2020：17-28.

[31] 王腾腾，高晓艳，高礼杰 . 基于区块链技术的身份认证系统 [J]. 信息技术与信息化，2021(09)：53-56+60.

[32] 王延川 . “除魅”区块链：去中心化、新中心化与再中心化 [J]. 西安交通大学学报 (社会科学版)，2020，40(03)：38-45.

[33] 韦书令 . 融合区块链技术的社区教育学习成果认证模型及实现机理研究 [J]. 成人教育，2021，41(8)：71-77.
[34] 魏恒斌 . 基于区块链技术茶叶追溯的研究与设计 [D]. 武汉：中南民族大学，2019：23-41.
[35] 闻胜莲 . 基于区块链的医疗数据共享方案研究 [D]. 重庆：重庆邮电大学，2020：19-45.
[36] 吴凯 . 区块链赋能思想政治教育的技术逻辑、风险挑战与实践策略 [J]. 思想教育研究，2021(6)：43-48.
[37] 吴晓彤 . 基于区块链的农产品可信溯源系统研究与实现 [D]. 泰安：山东农业大学，2020：43-53.
[38] 杨宏志 . 基于区块链优化的物联网设备安全管理研究 [D]. 昆明：云南师范大学，2021：21-54.
[39] 杨雅都 . 基于区块链技术的数字化教育资源管理系统架构研究 [D]. 无锡：江南大学，2021：29-62.
[40] 于坚，孙嘉笛，纪剑，等 . 区块链技术在食品溯源体系中的应用 [J]. 食品工业科技，2021，42(15)：377-382.
[41] 袁勇，倪晓春，曾帅，等 . 区块链共识算法的发展现状与展望 [J]. 自动化学报，2018，44(11)：2011-2022.
[42] 翟海燕 . “区块链 + 高等教育”变革对高等教育生态的重塑 [J]. 高教探索，2020(4)：36-40.
[43] 张亮，刘百祥，张如意，等 . 区块链技术综述 [J]. 计算机工程，2019，45(05)：1-12.
[44] 张偲 . 区块链技术原理、应用及建议 [J]. 软件，2016，37(11)：51-54.
[45] 张翼 . 区块链技术及其应用 [J]. 前线，2020(9)：55-57.
[46] 张召，金澈清，周傲英 . 基于区块链技术重构互联网时代的开放教育 [J]. 现代远程教育研究，2020，32(1)：33-40，50.
[47] 赵宇琛，程妍，魏亚，等 . 基于区块链技术下的农业生态系统架构 [J]. 黑龙江农业科学，2019(06)：160-162.
[48] 赵媛，陈恺宇 . 区块链技术背景下人力资源管理变革研究 [J]. 生产

力研究，2020(11)：130-133.
[49] 郑戈 . 区块链与未来法治 [J]. 东方法学，2018(03)：75-86.
[50] 朱建明，张沁楠，高胜 . 区块链关键技术及其应用研究进展 [J]. 太原理工大学学报，2020，51(03)：321-330.
[51] 庄园 . 区块链变革教育的动因、经验和路径 [J]. 高教探索，2021(2)：47-52.